10分钟快画

油画棒简笔画素材

600例

白糖工坊 编著

人民邮电出版社

北京

图书在版编目（CIP）数据

10 分钟快画！：油画棒简笔画素材 600 例 / 白糖工坊编著. -- 北京：人民邮电出版社，2024. 7. -- ISBN 978-7-115-64643-9

Ⅰ．J21

中国国家版本馆 CIP 数据核字第 2024D51L96 号

内 容 提 要

这是一本画风清新、内容简单的油画棒素材集，能让你抛开复杂的绘画工具和繁琐的绘画步骤，尽情畅游在迷人、清新的油画棒插画中。

本书共有5个主题、600例完整插画，包括花叶、甜品美食、动物、风景、Q版人物头像等。书中收录的插画素材充满创意，画面效果明快，视觉冲击力强，绘制难度小、易上手。

对油画感兴趣的你，快拿起油画棒，画出你心中的创意作品吧！

◆ 编　　著　白糖工坊
　　责任编辑　闫　妍
　　责任印制　周昇亮

◆ 人民邮电出版社出版发行　　北京市丰台区成寿寺路 11 号
　　邮编　100164　　电子邮件　315@ptpress.com.cn
　　网址　https://www.ptpress.com.cn
　　北京九天鸿程印刷有限责任公司印刷

◆ 开本：880×1230　1/32
　　印张：3.5　　　　　　　　　2024 年 7 月第 1 版
　　字数：100 千字　　　　　　2024 年 7 月北京第 1 次印刷

定价：29.90 元

读者服务热线：**(010)81055296**　印装质量热线：**(010)81055316**
反盗版热线：**(010)81055315**
广告经营许可证：京东市监广登字 20170147 号

目录

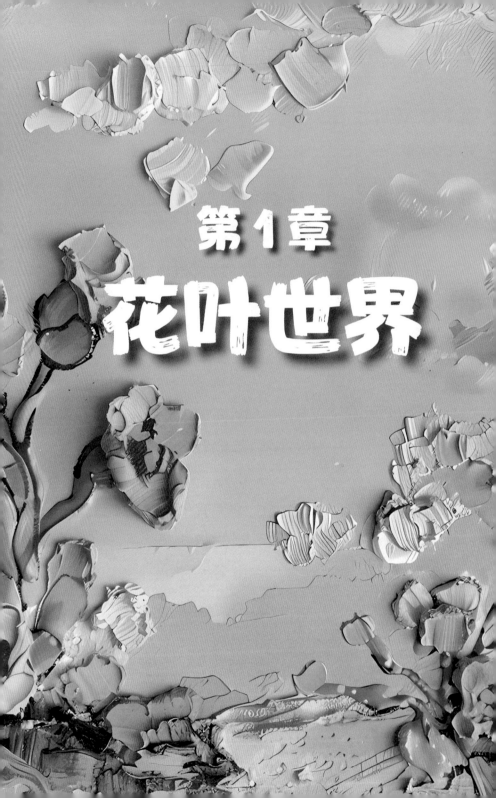

第1章

花叶世界

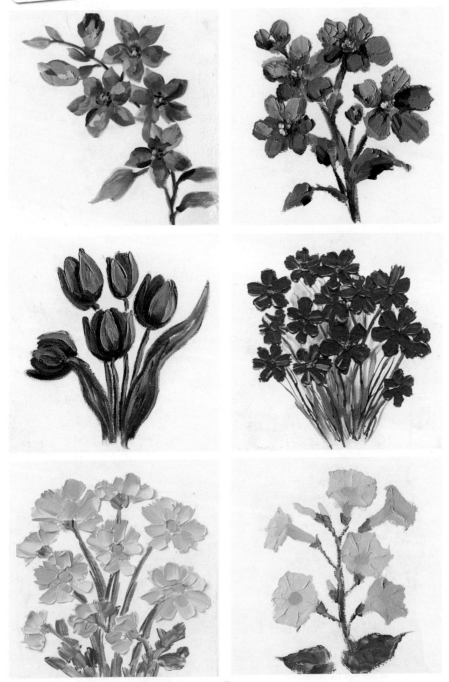

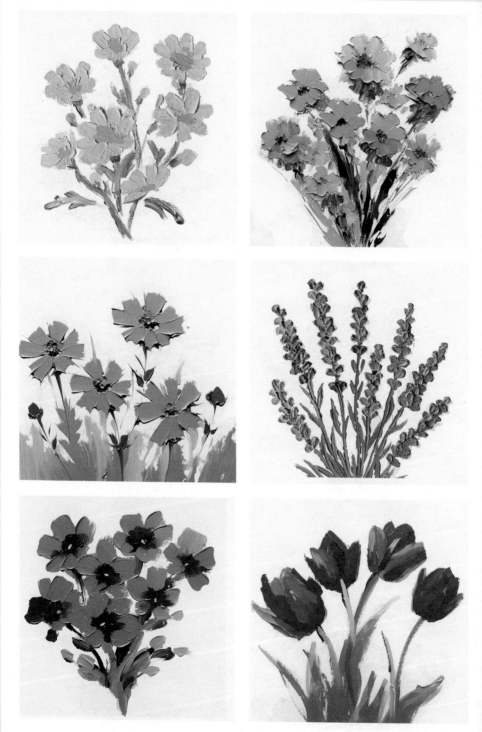

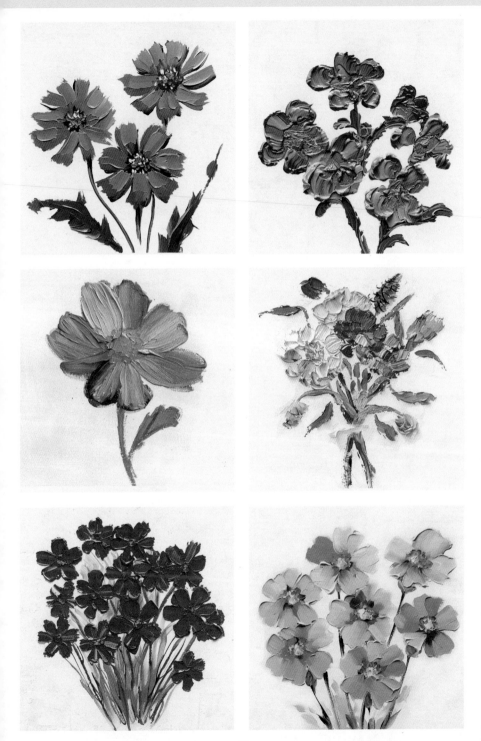

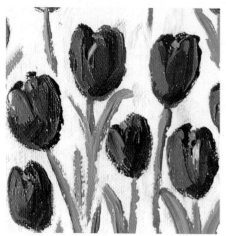

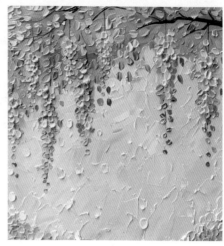

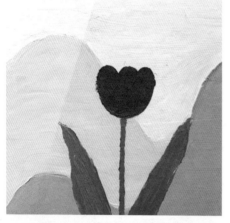

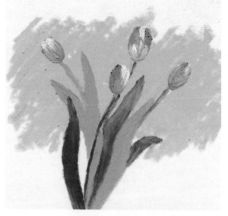

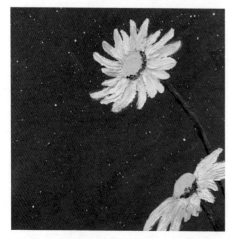

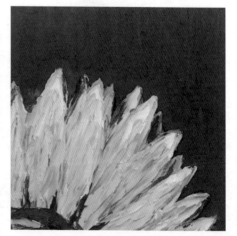

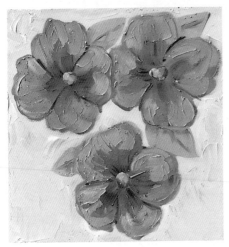
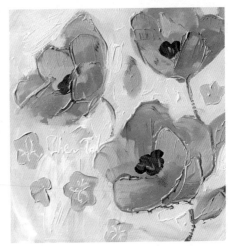
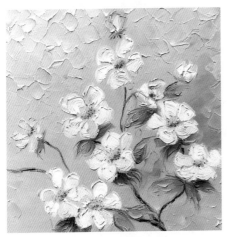
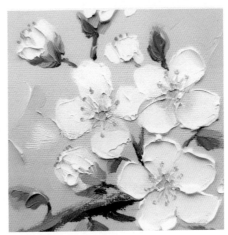
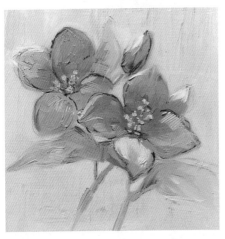
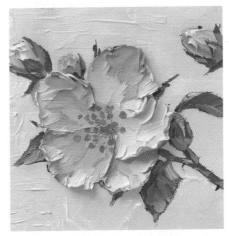

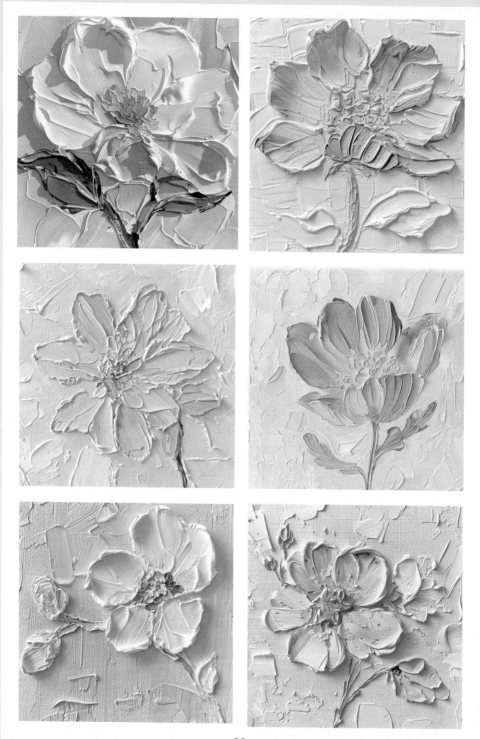

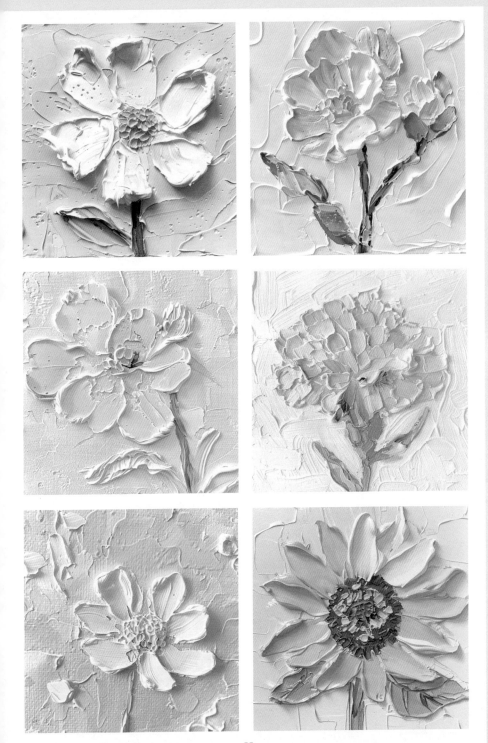

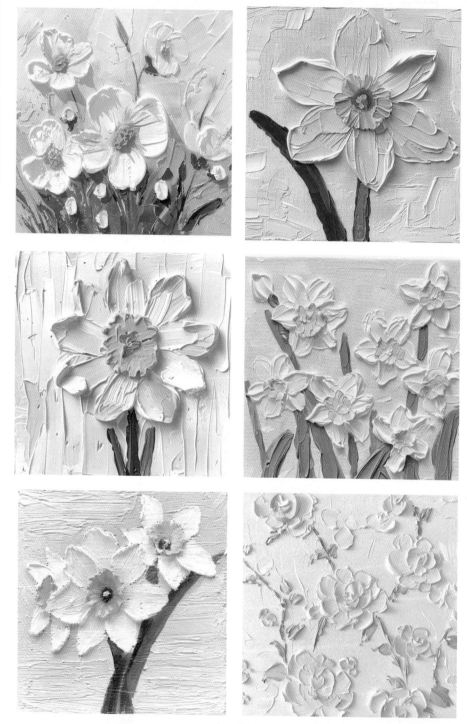

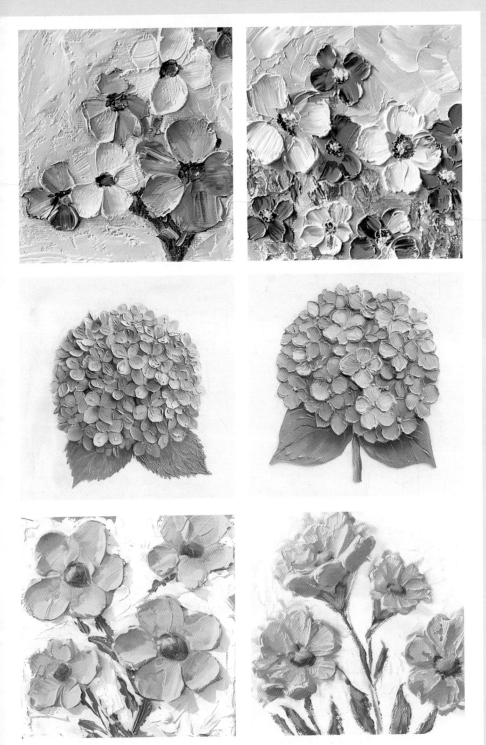

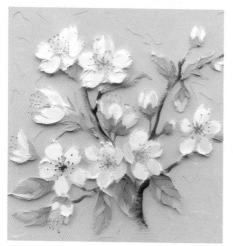
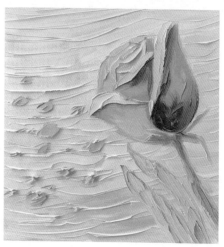
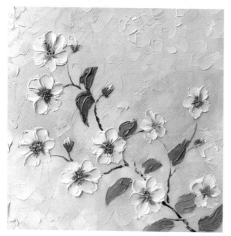
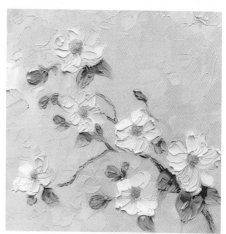
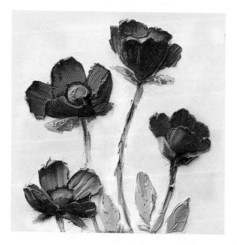
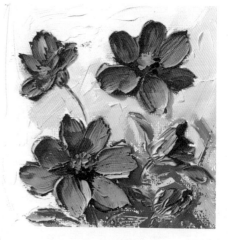

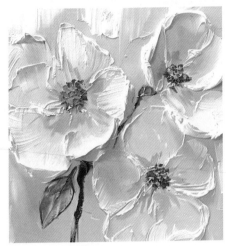
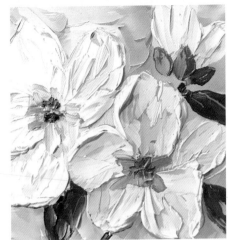
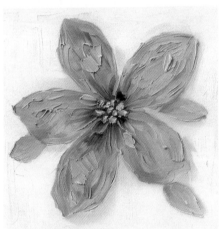
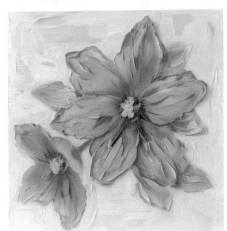
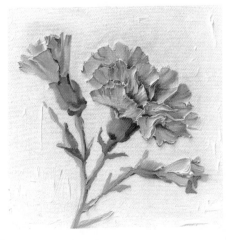
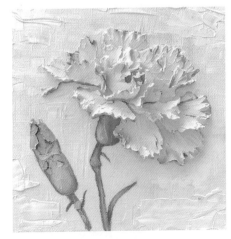

15

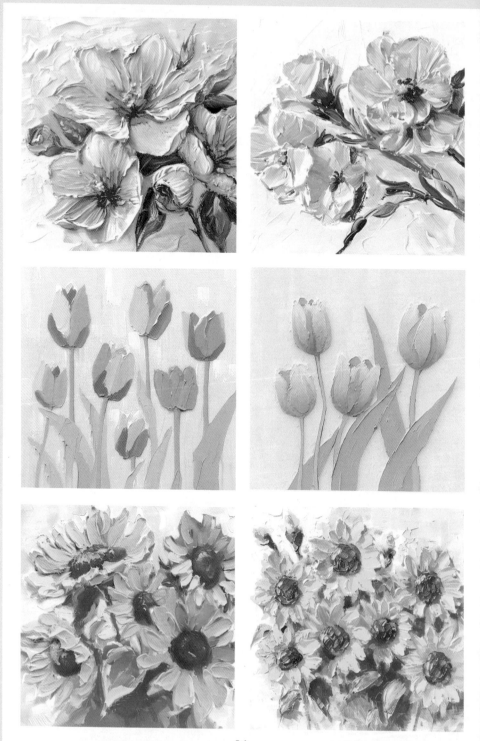

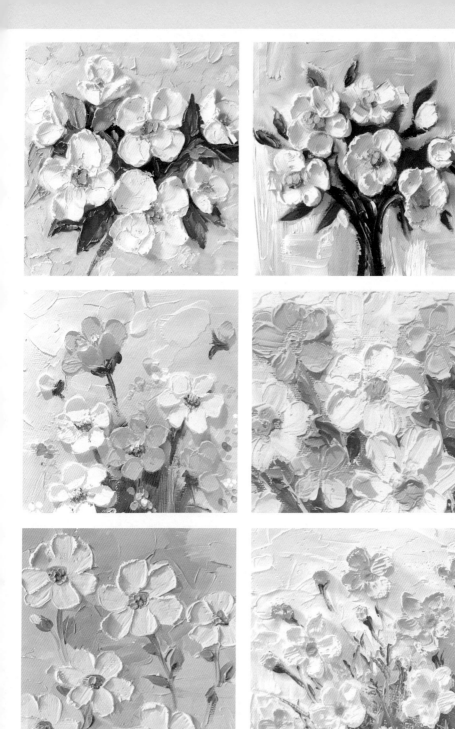

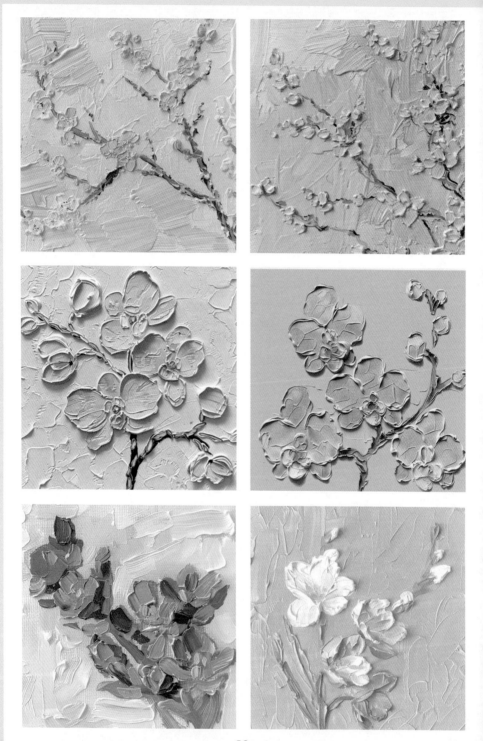

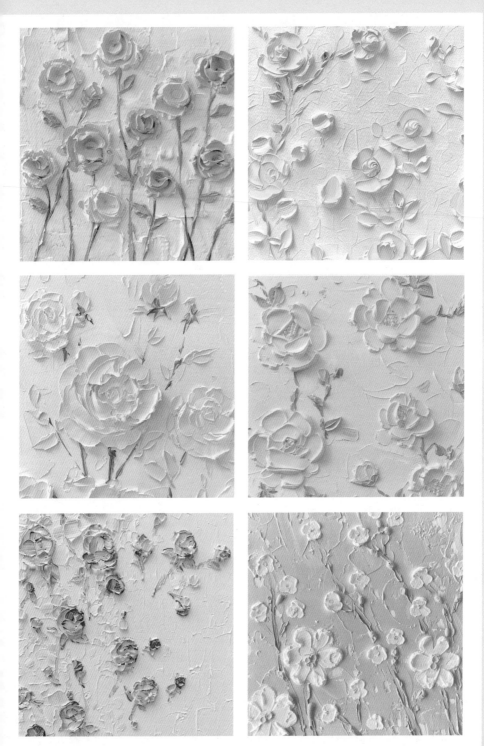

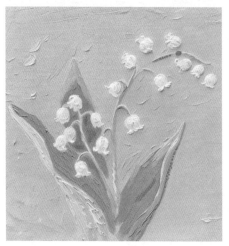 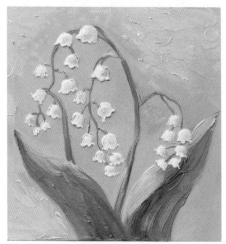

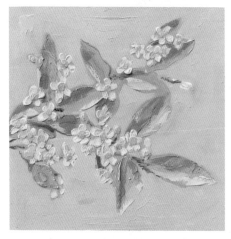 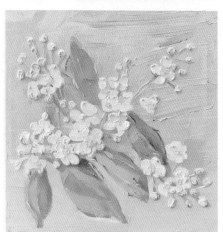

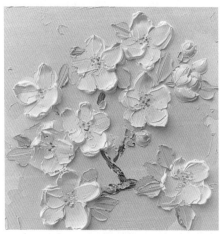 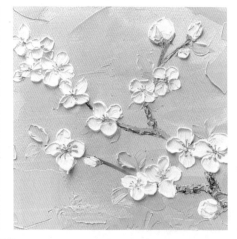

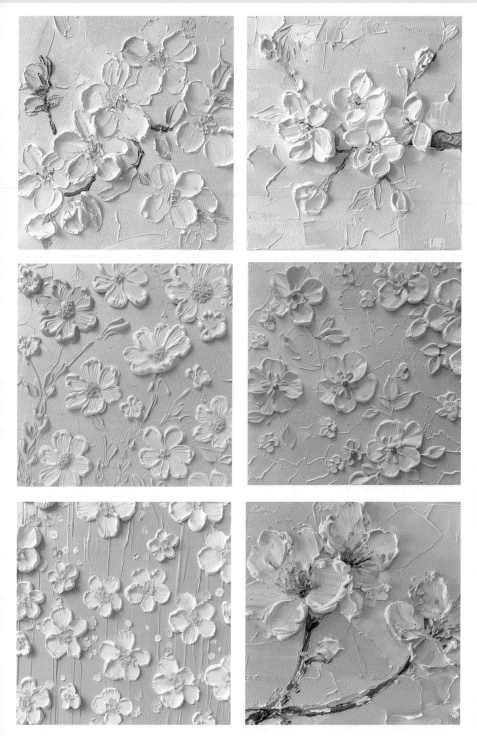

叶子图鉴

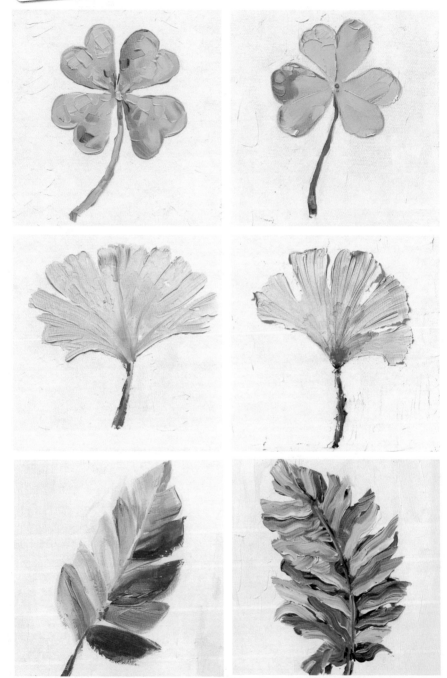

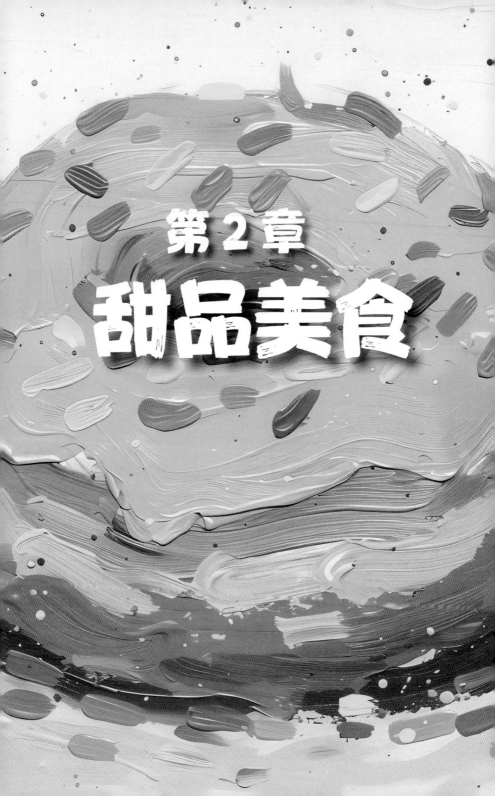

第 2 章

甜品美食

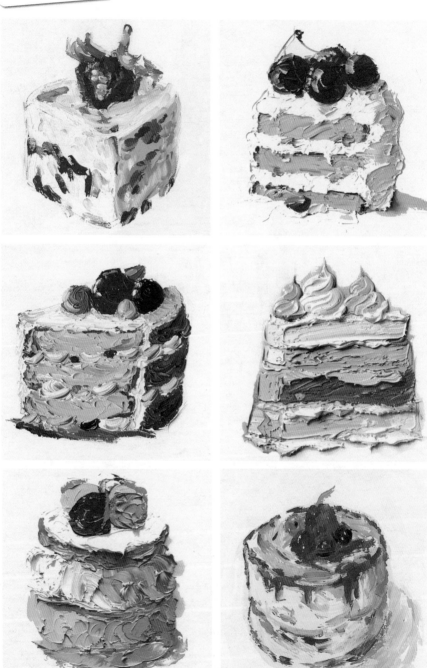

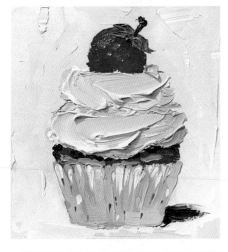
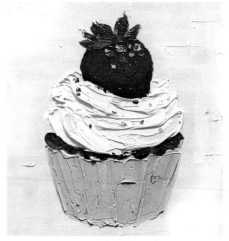
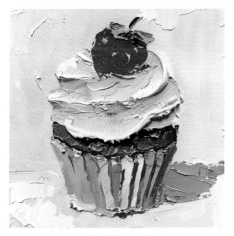
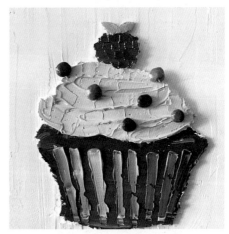
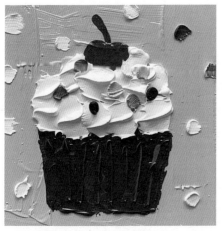
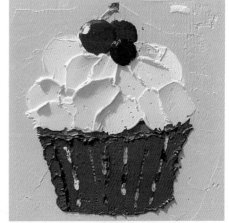

25

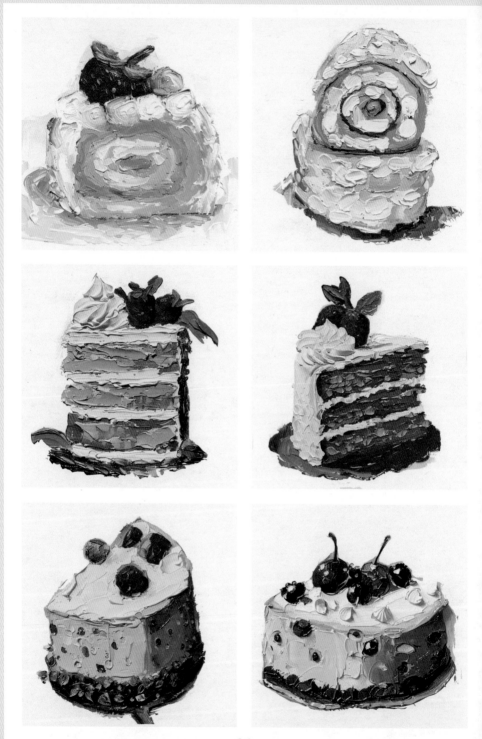

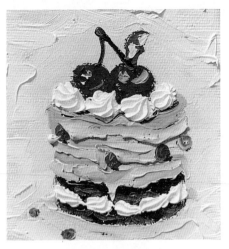 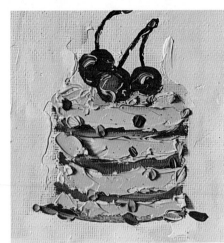

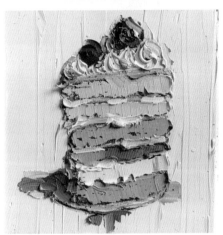 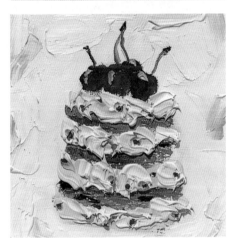

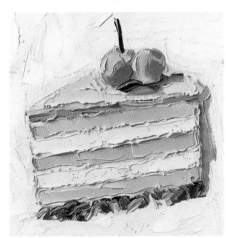 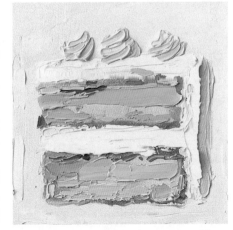

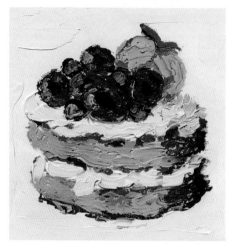
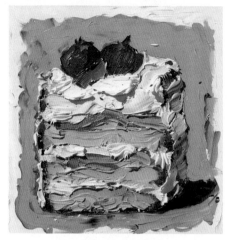
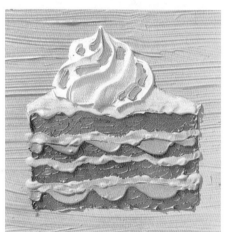
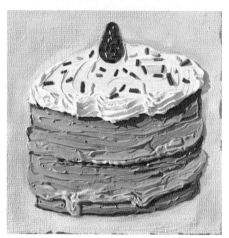
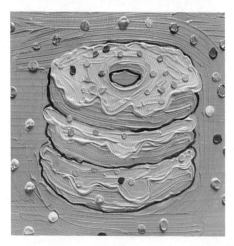
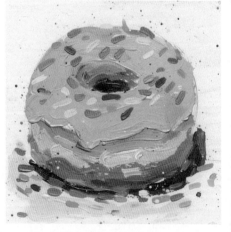

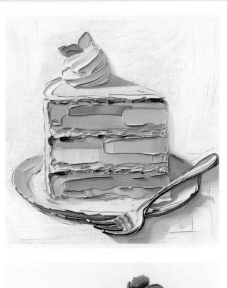
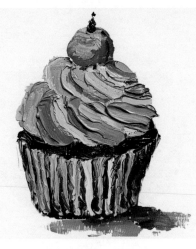
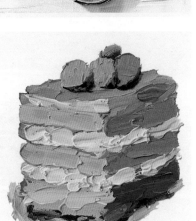
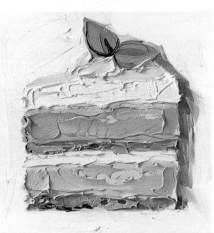
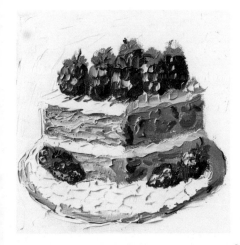
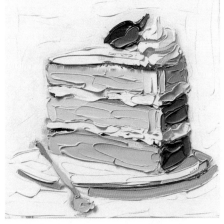

29

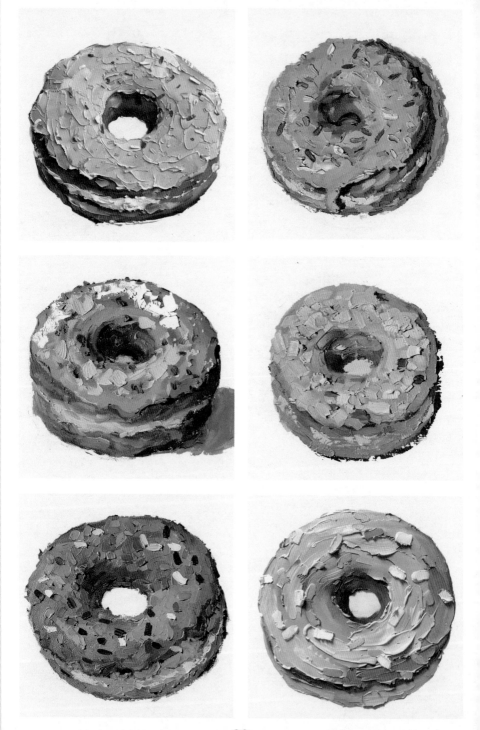

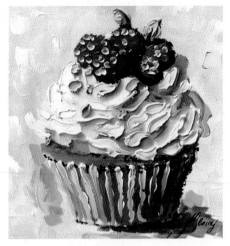

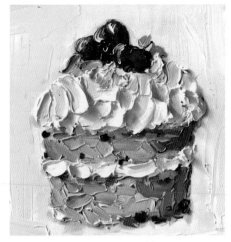

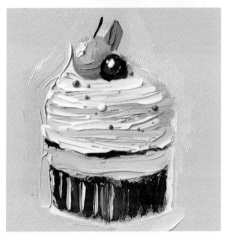

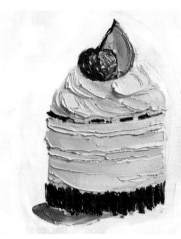

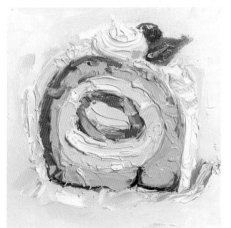

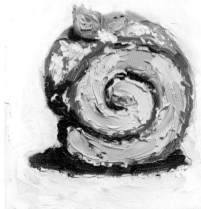

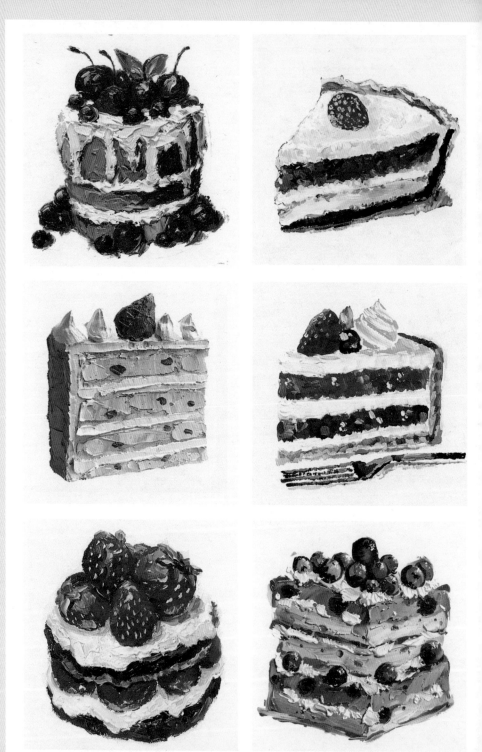

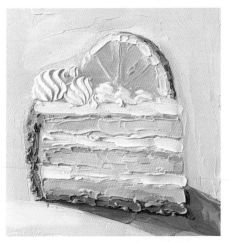
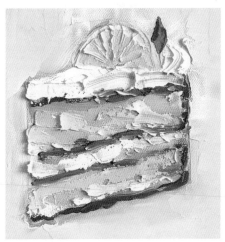
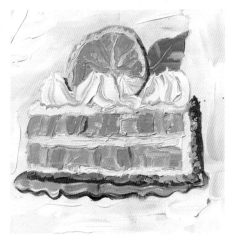
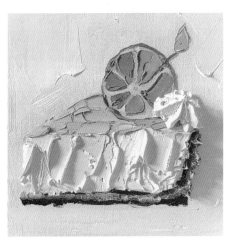
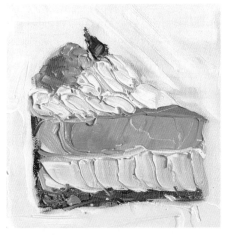
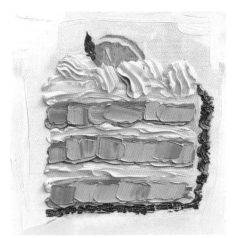

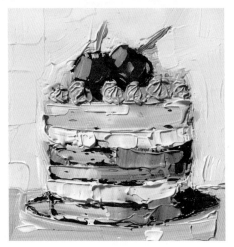
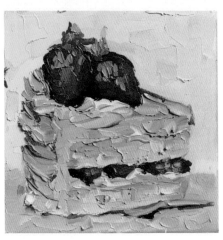
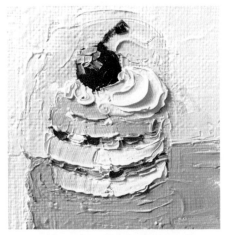
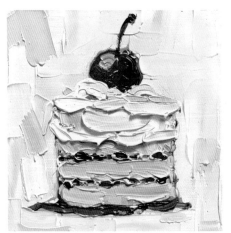
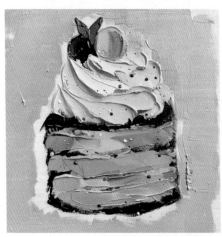
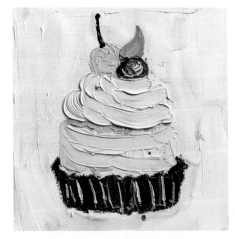

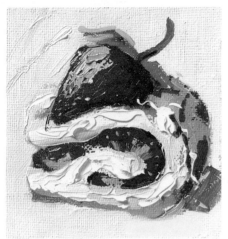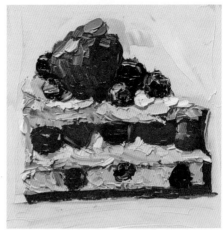

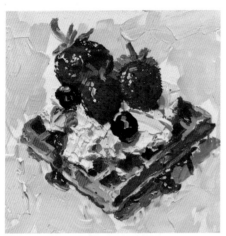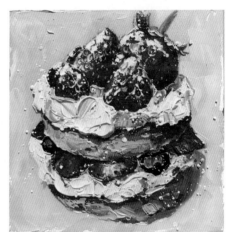

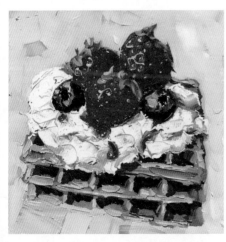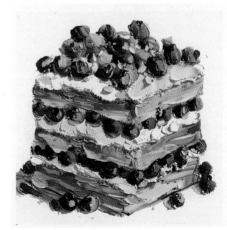

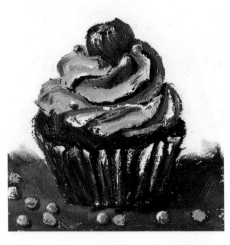
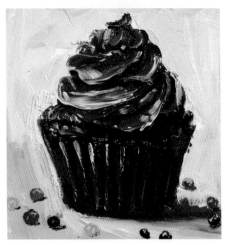
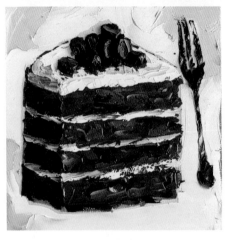
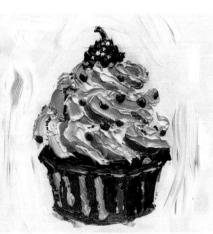

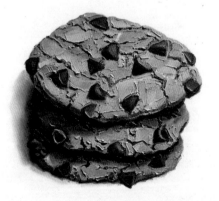

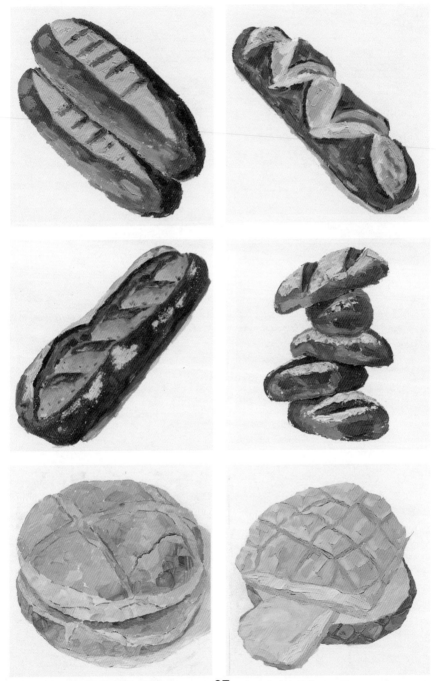

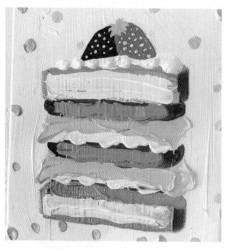
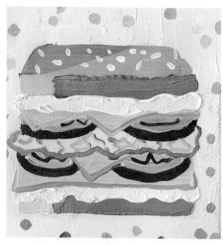
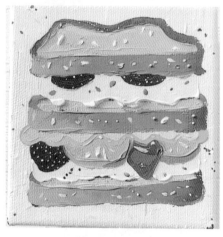
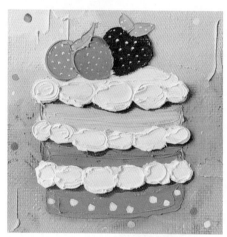
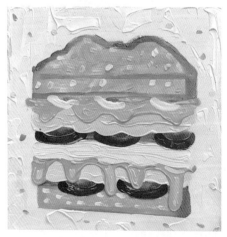
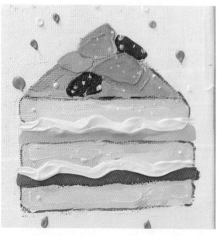

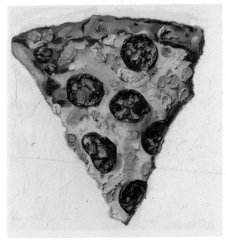
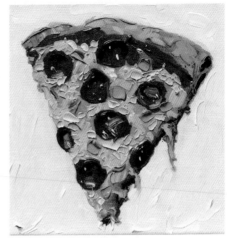
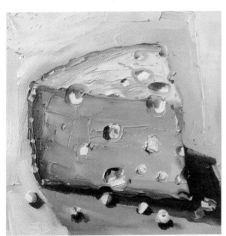
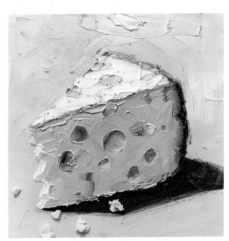
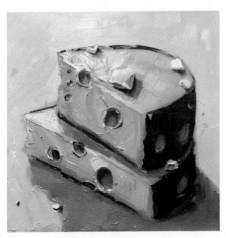
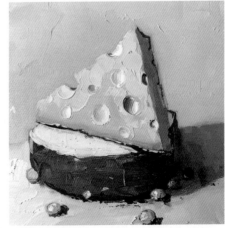

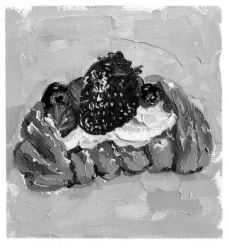
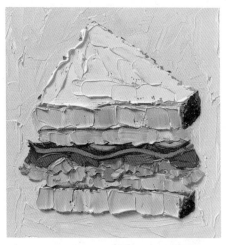
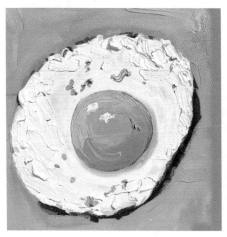
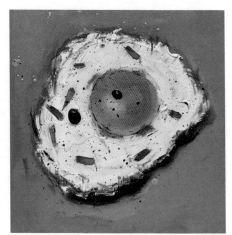
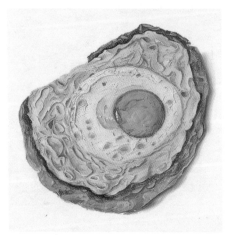
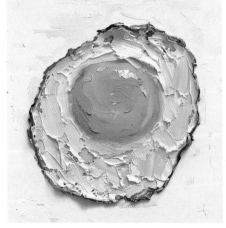

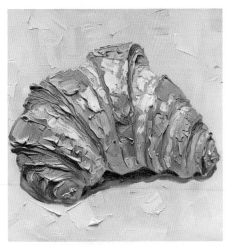
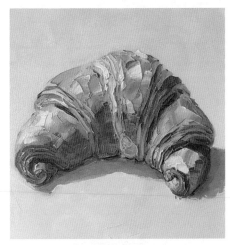
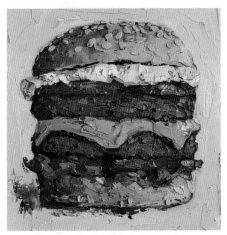
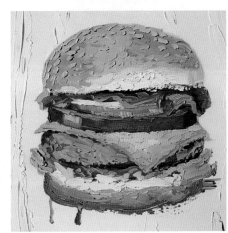
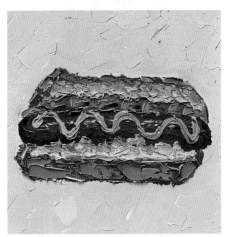
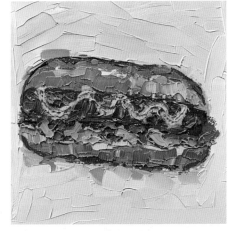

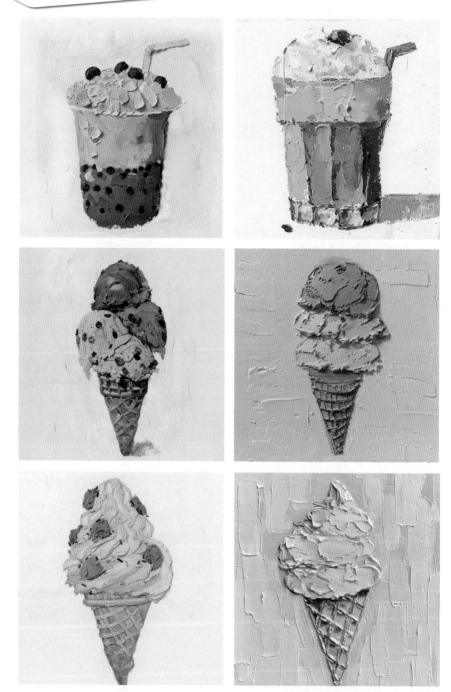

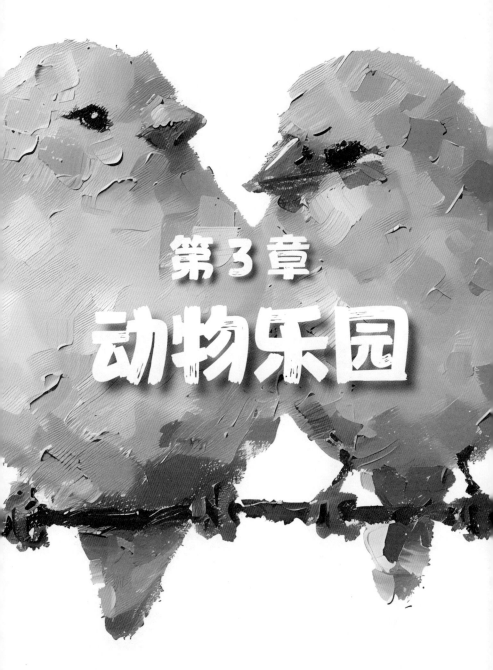

第3章

动物乐园

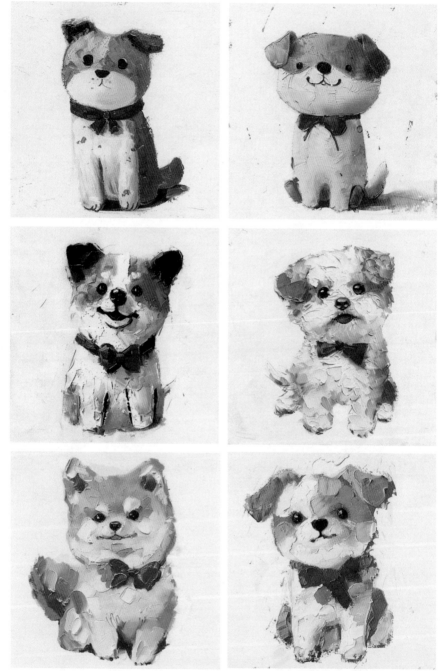

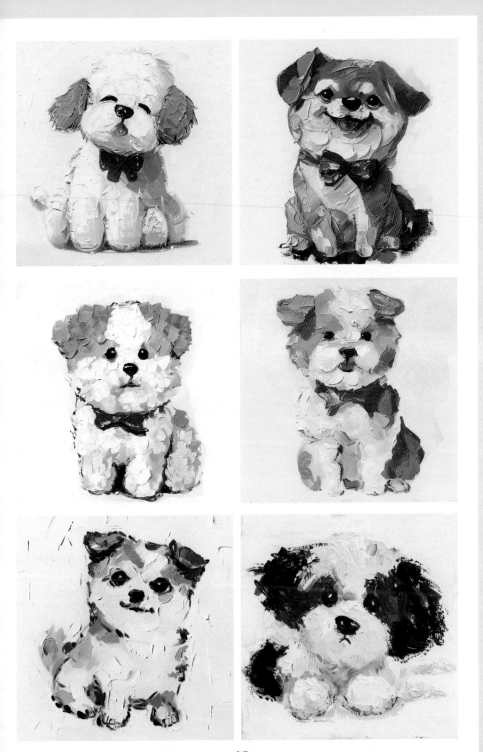

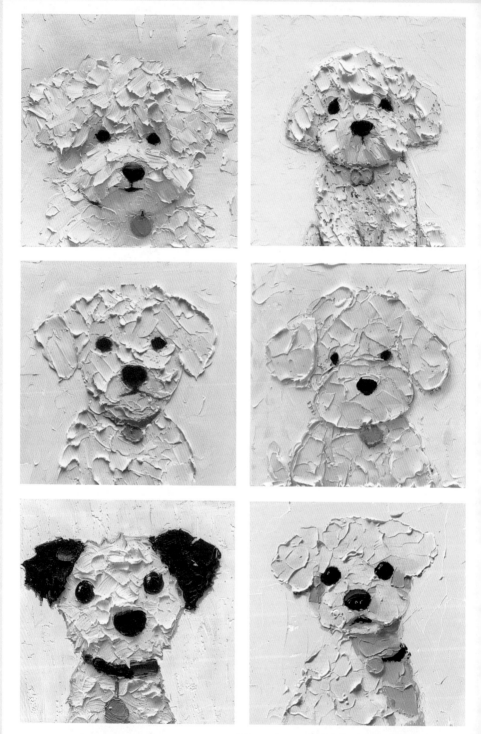

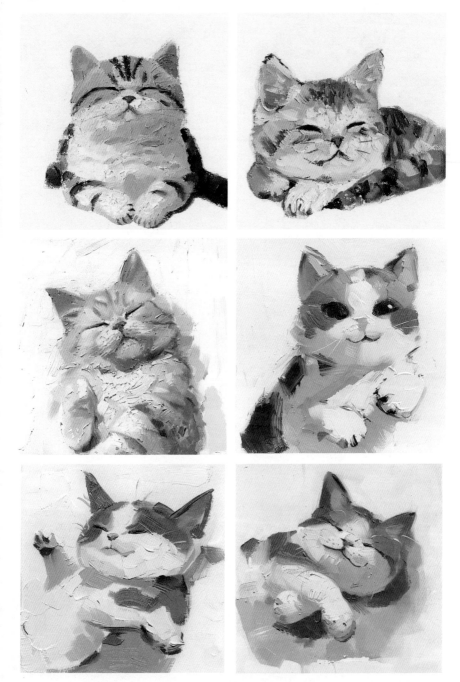

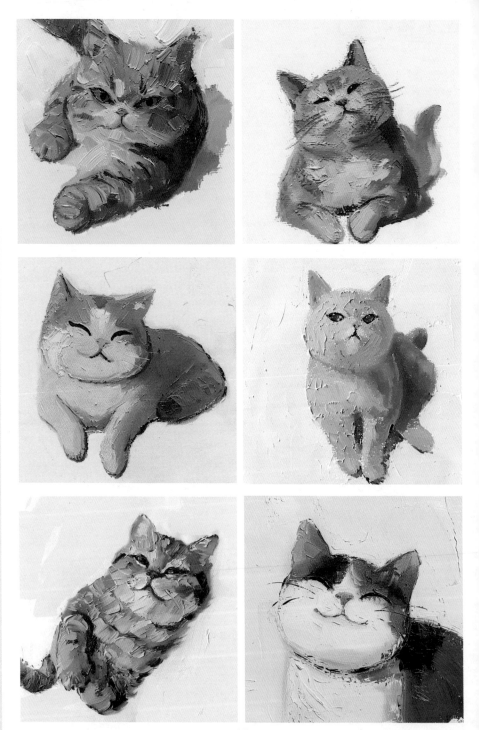

兔子图鉴

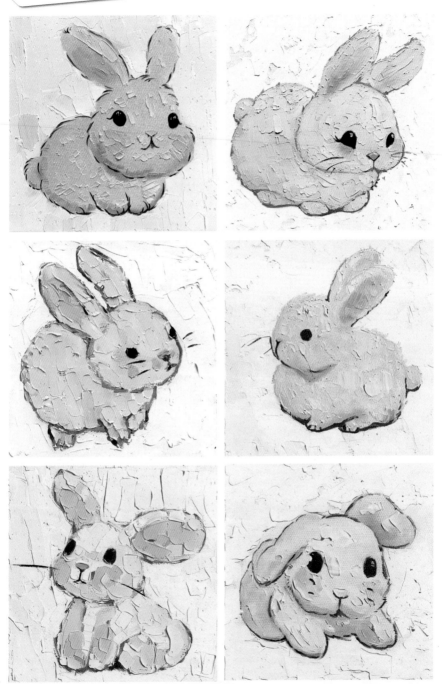

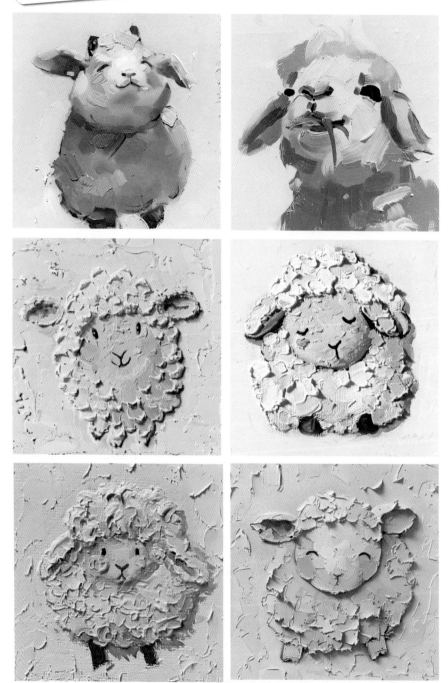

小猪图鉴

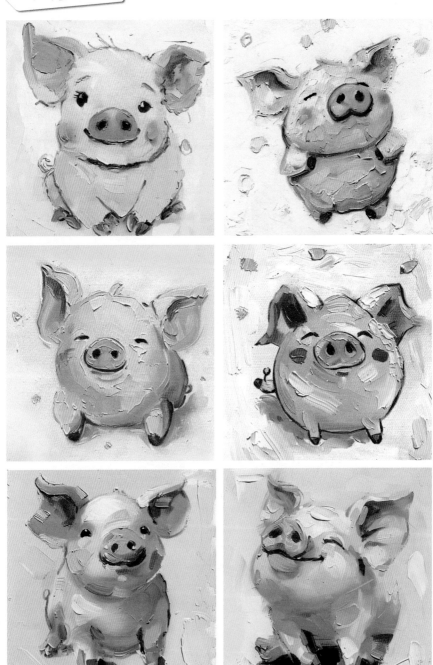

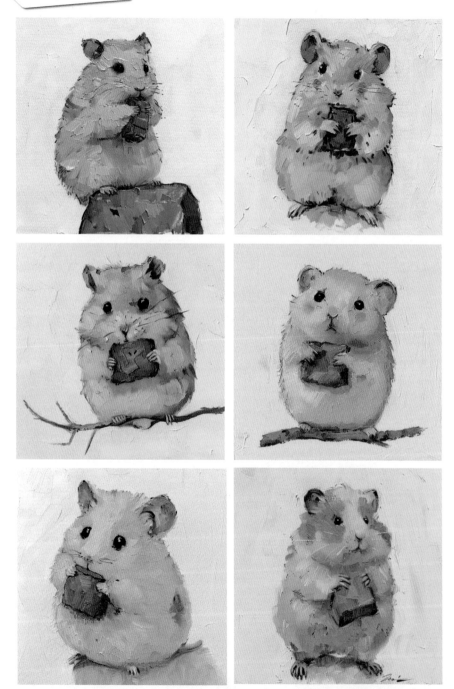

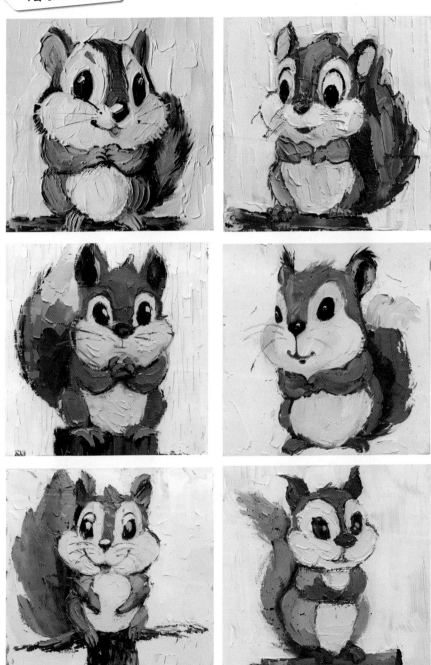

狐狸图鉴

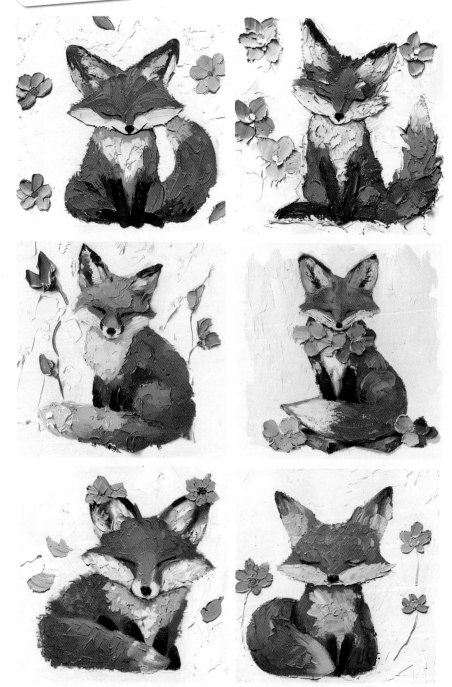

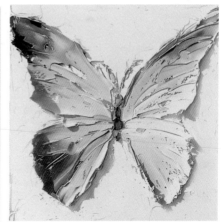

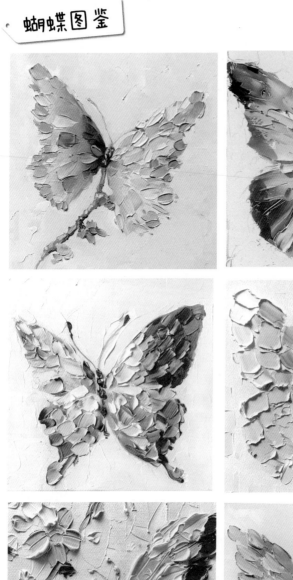

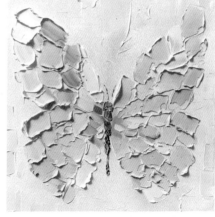

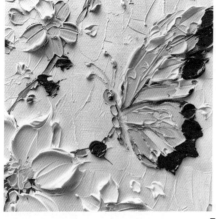

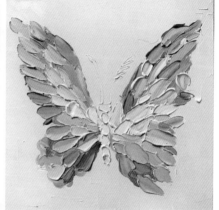

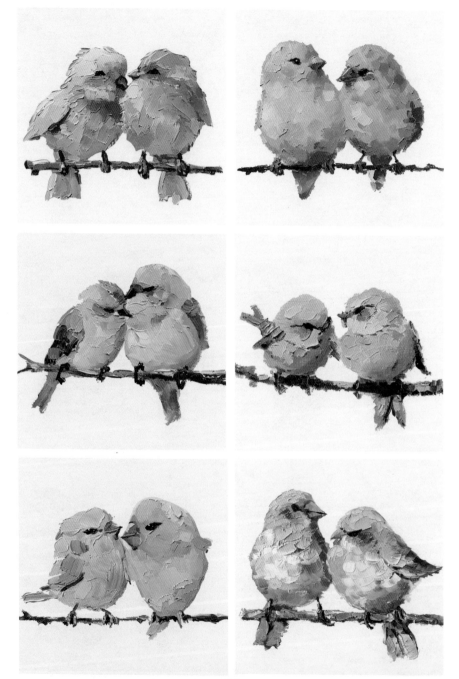

鸭子图鉴

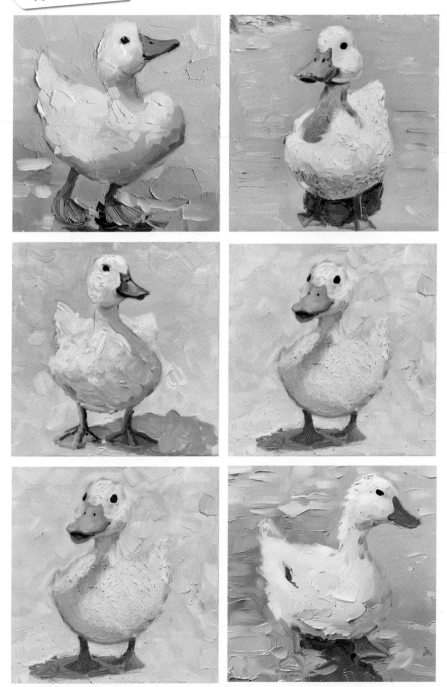

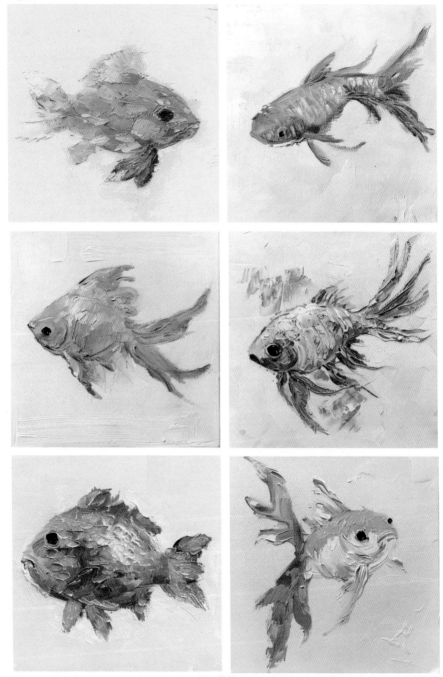

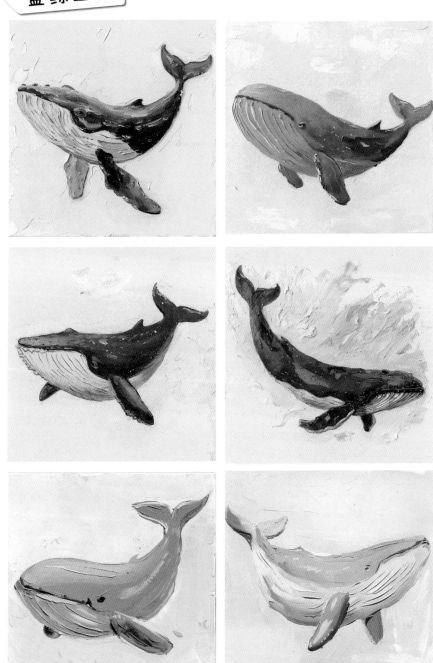

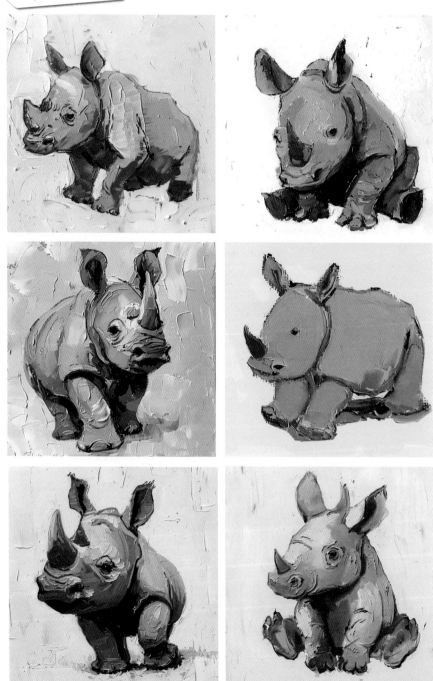

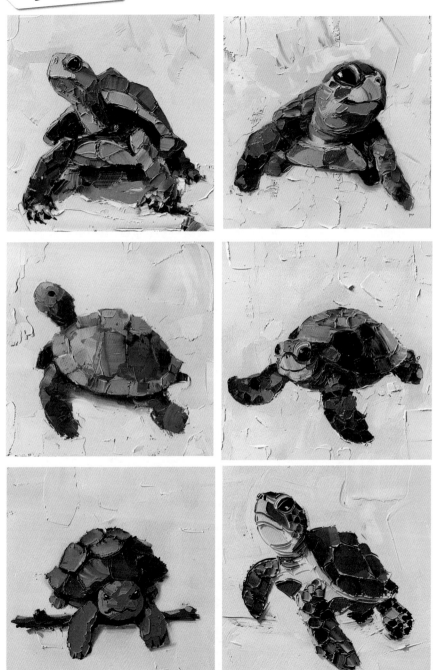

企鹅图鉴

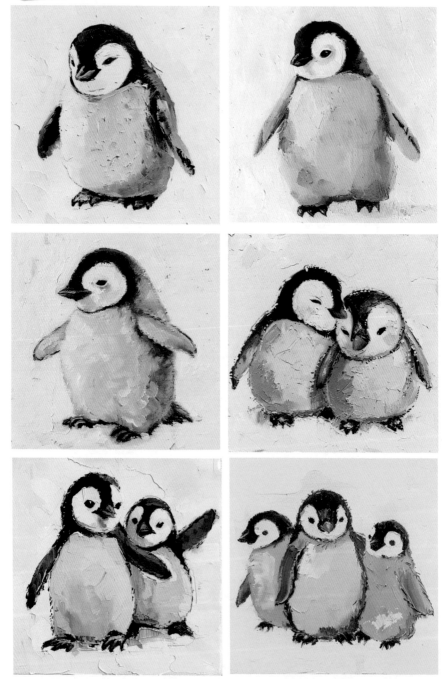

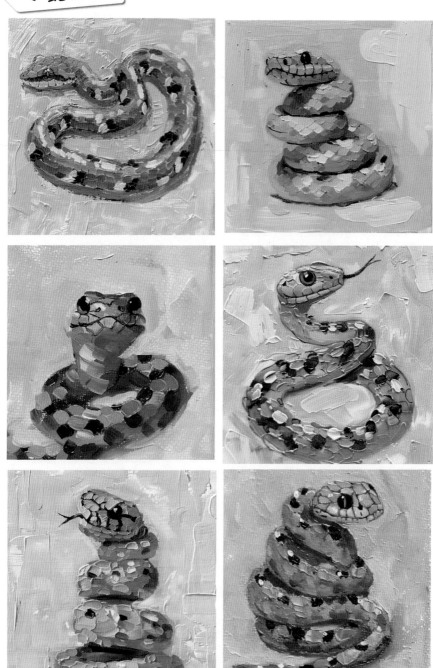

青蛙图鉴

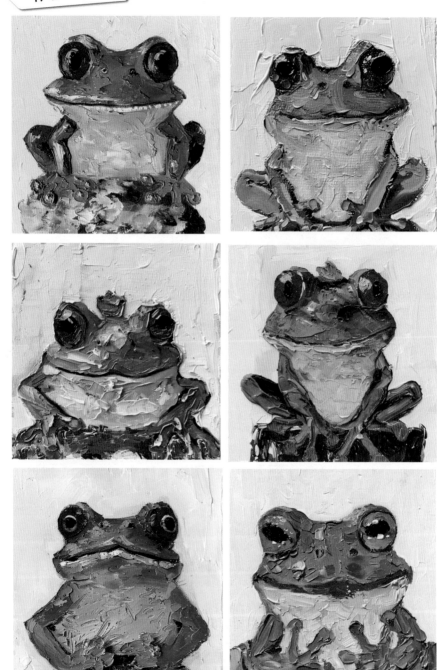

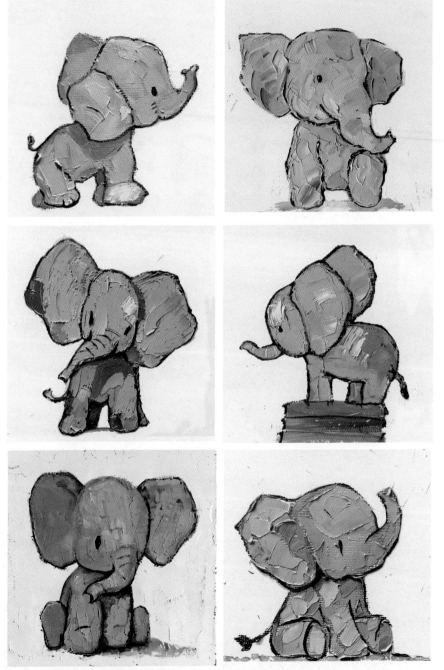

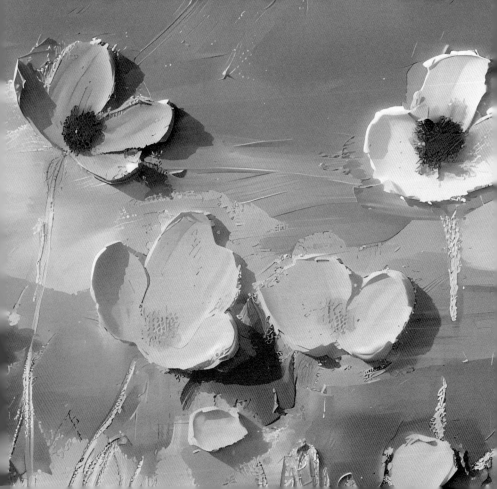

第4章
治愈系风景

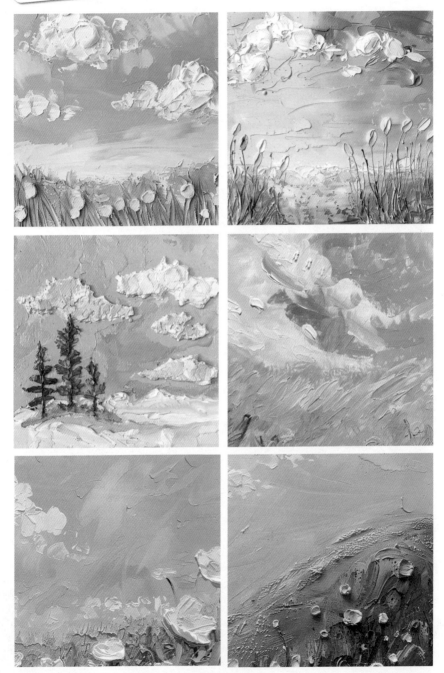

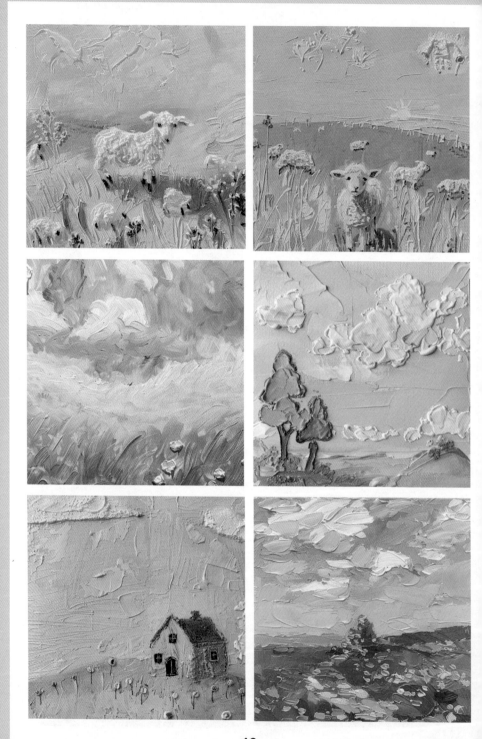

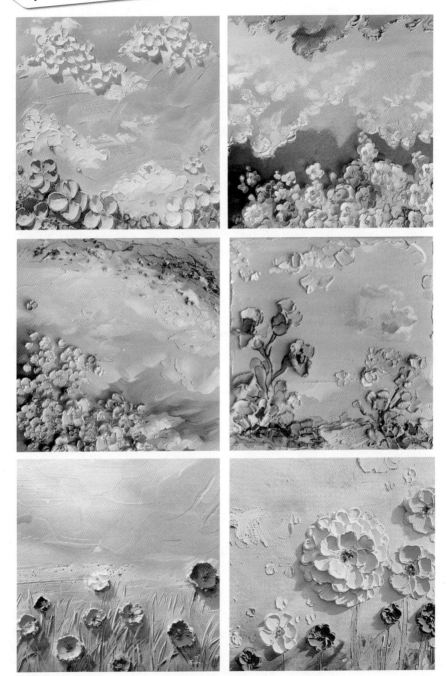

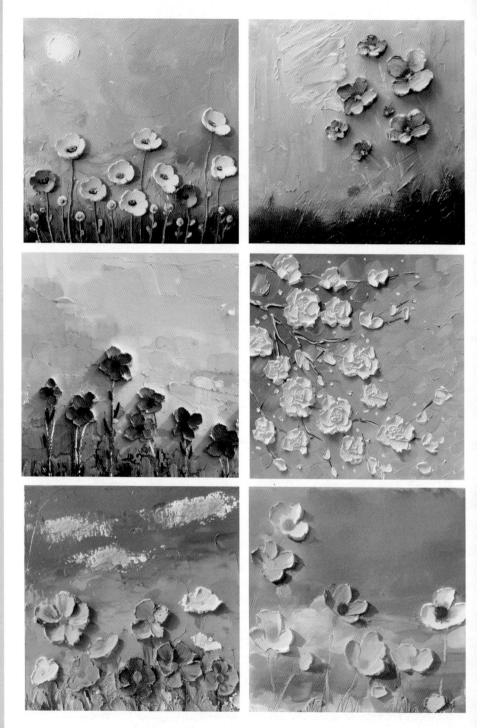

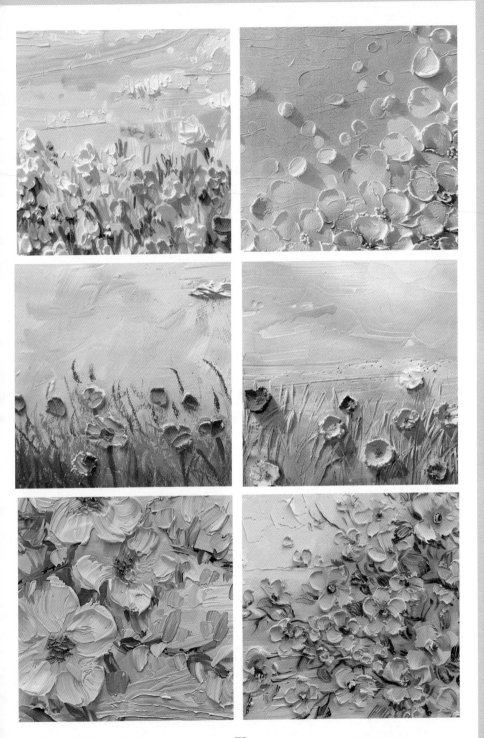

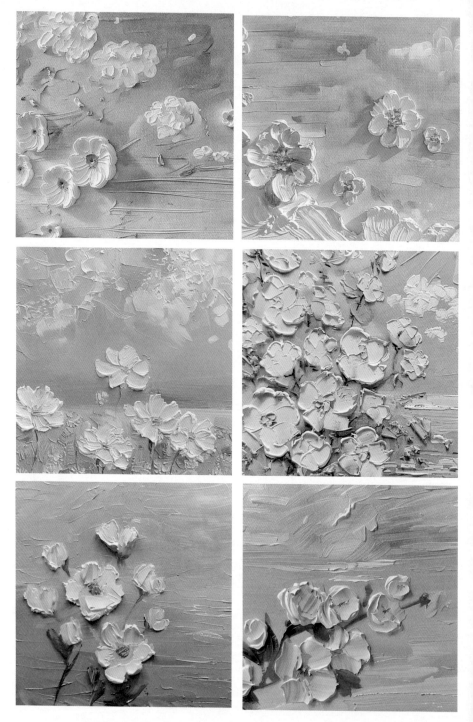

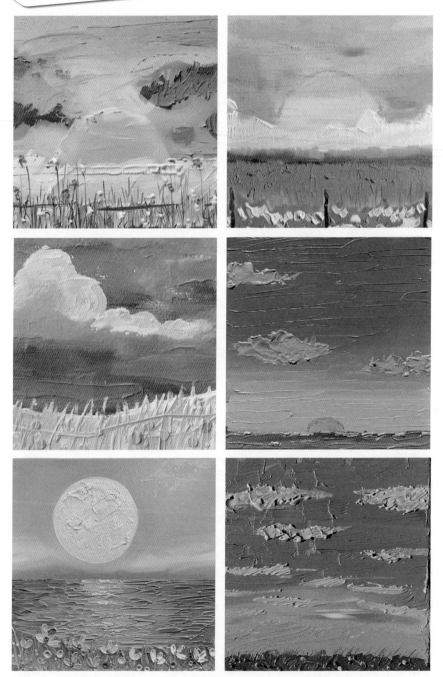

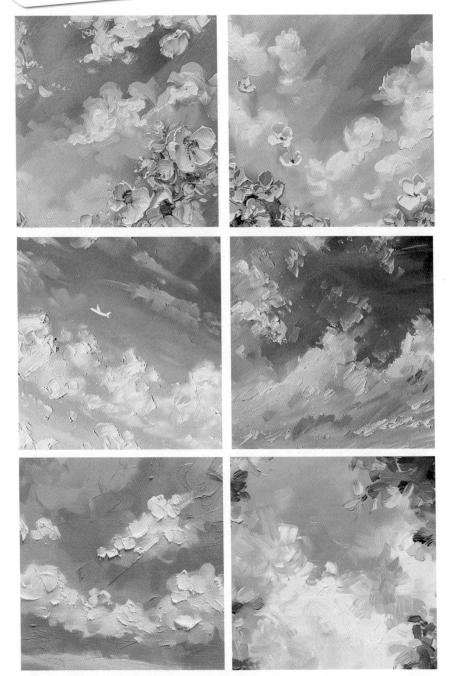

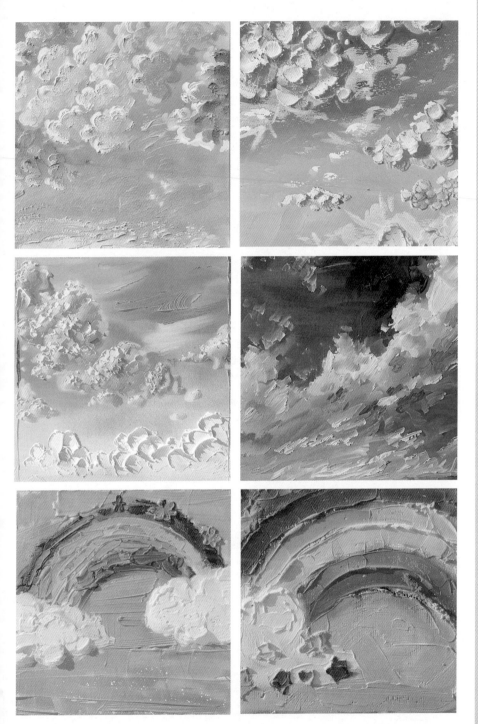

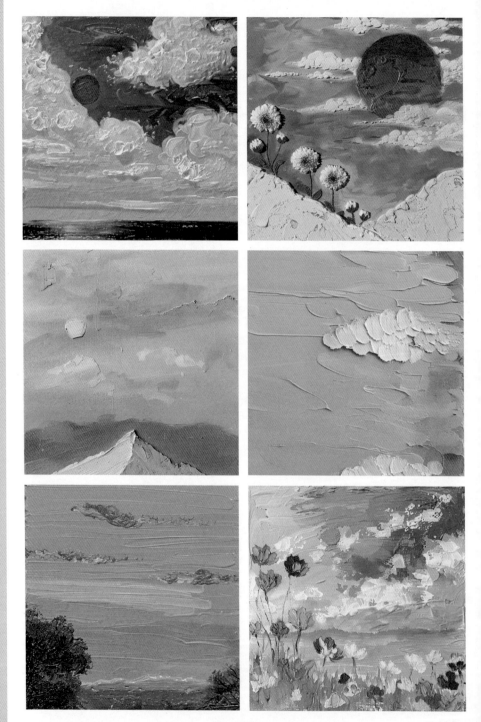

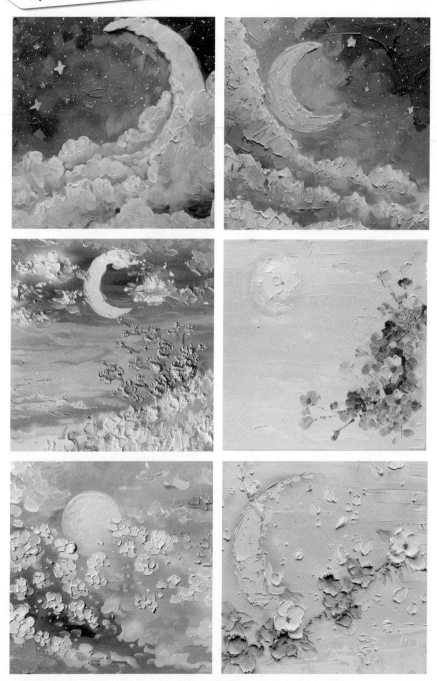

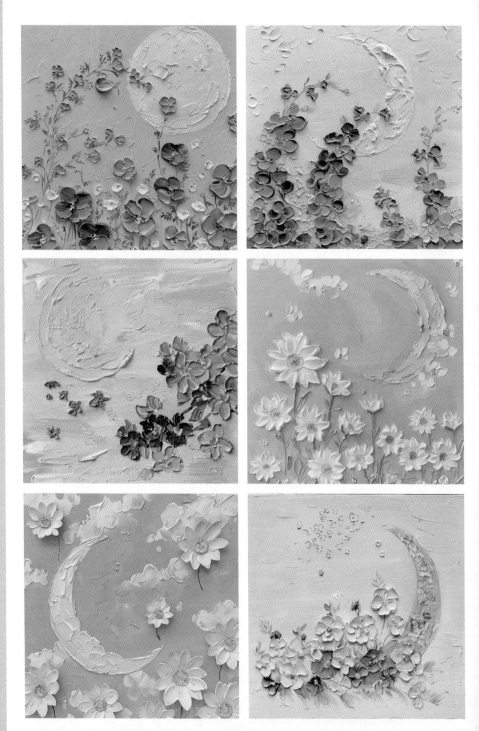

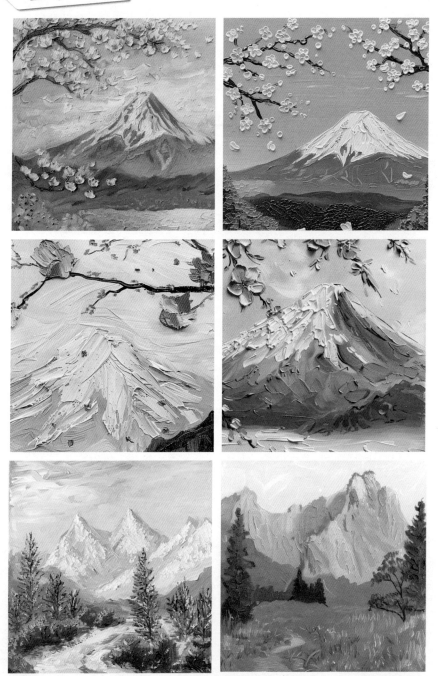

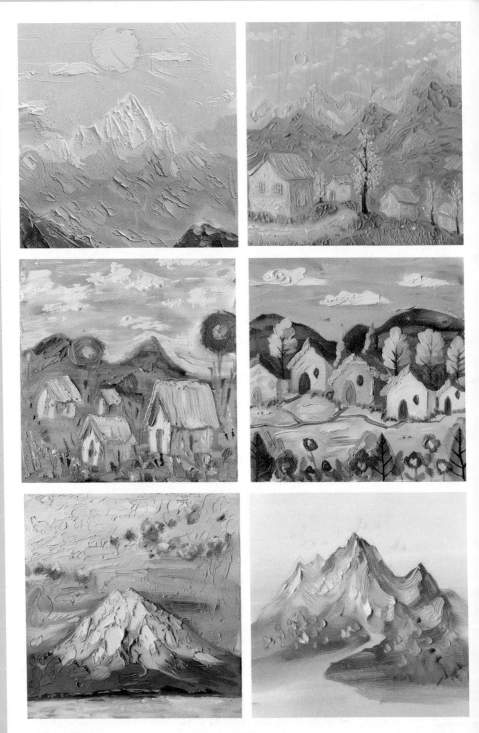

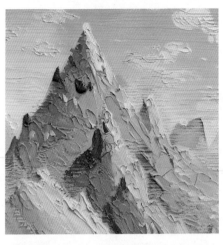

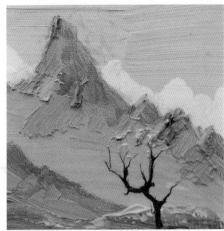

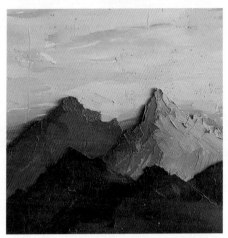

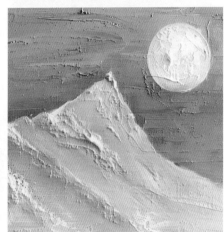

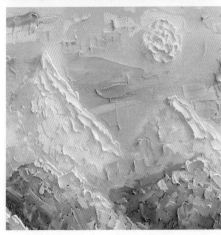

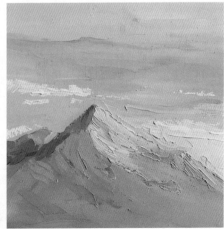

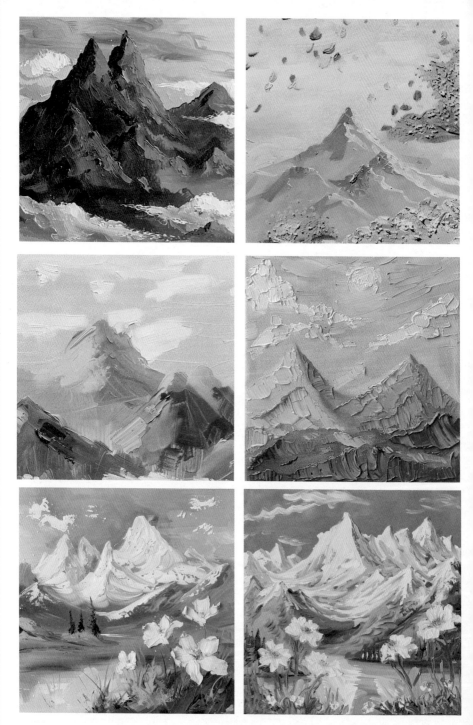

海景图鉴

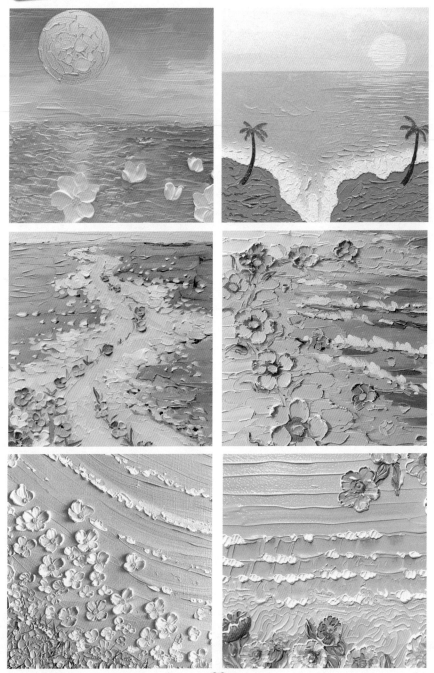

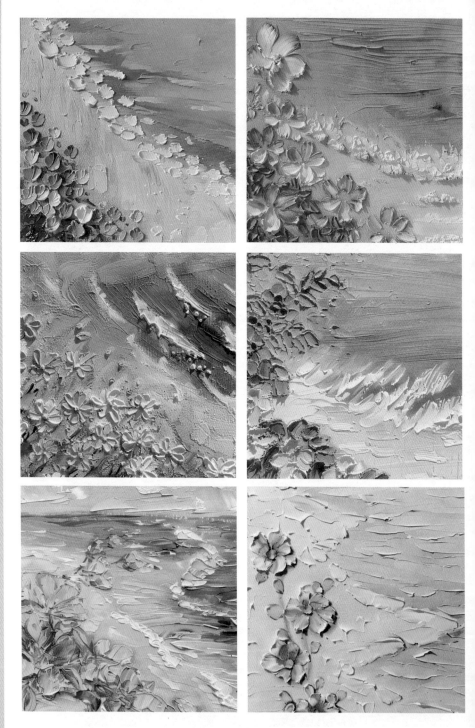

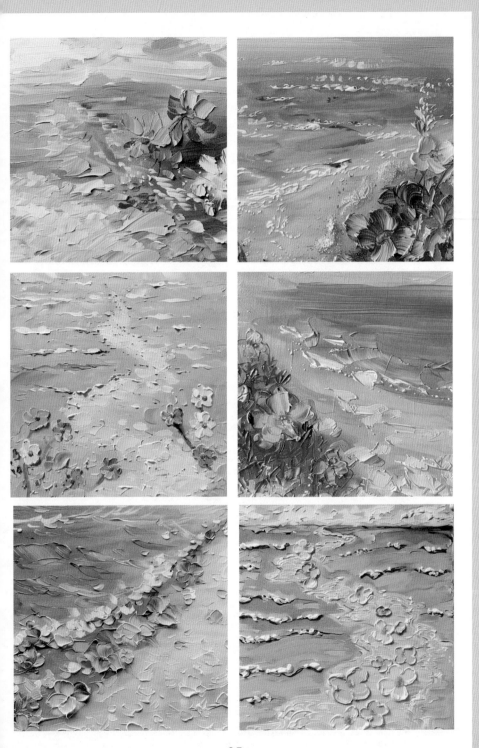

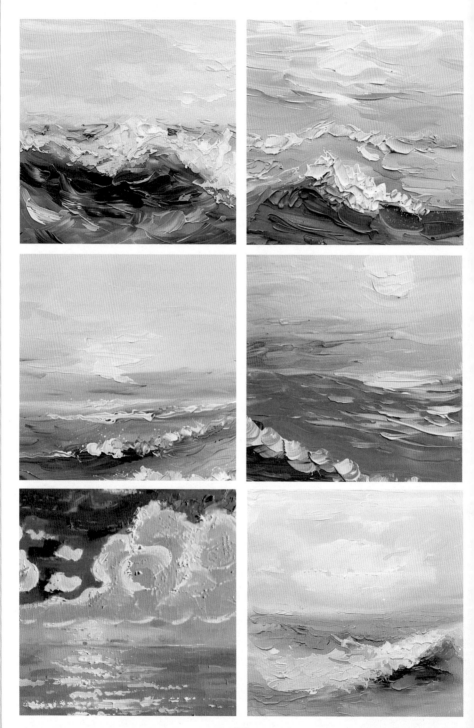

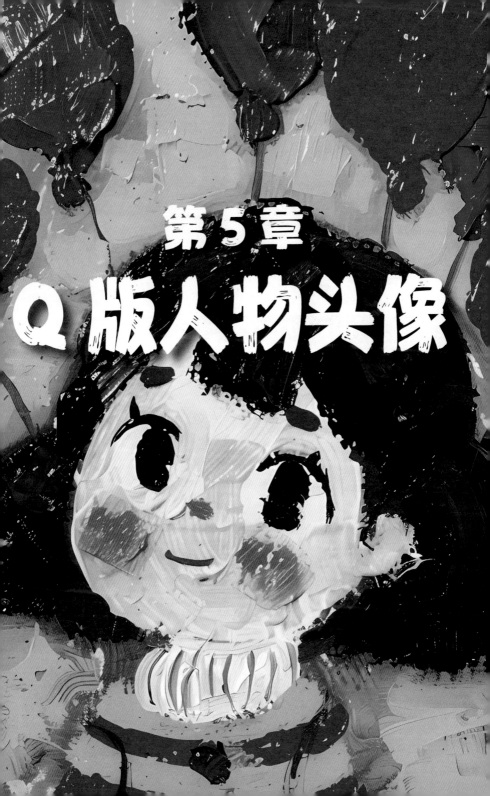

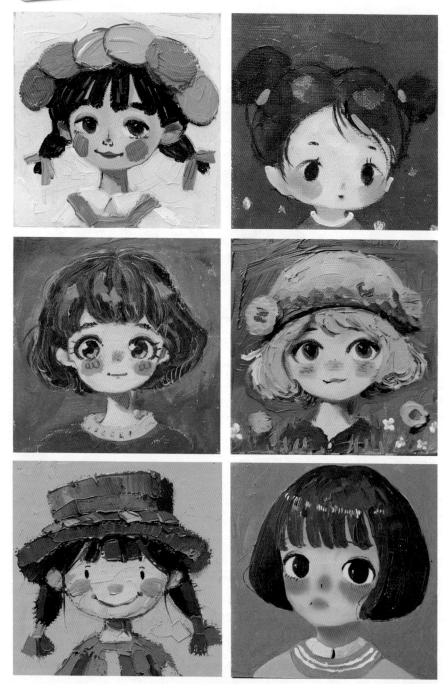

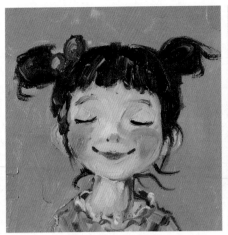
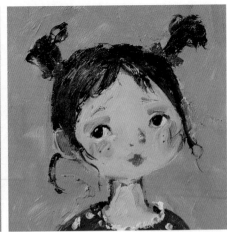
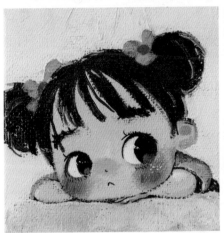
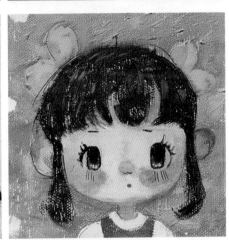
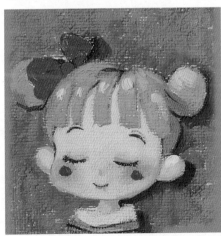
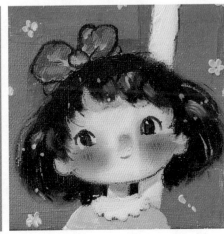

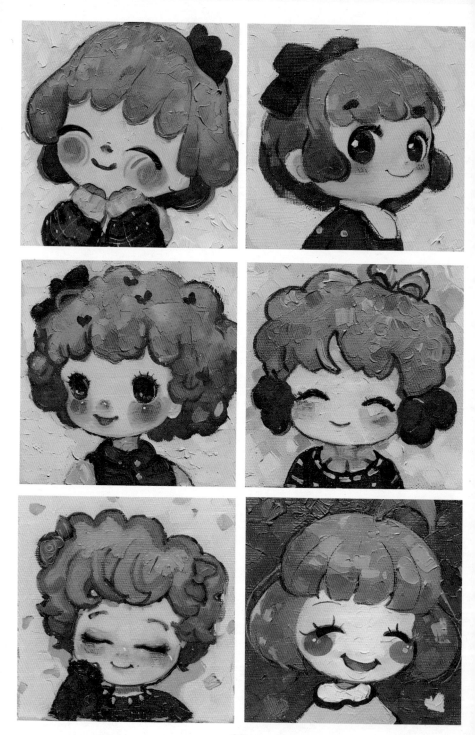

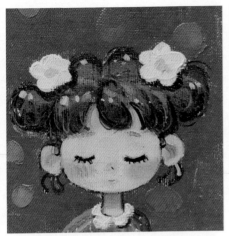
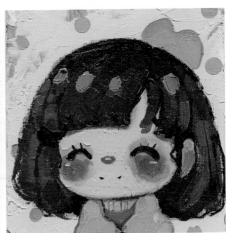
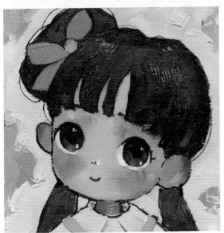
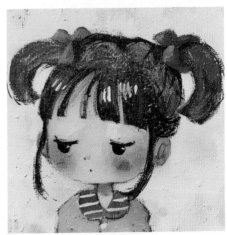
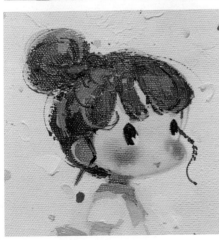
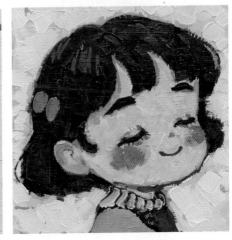

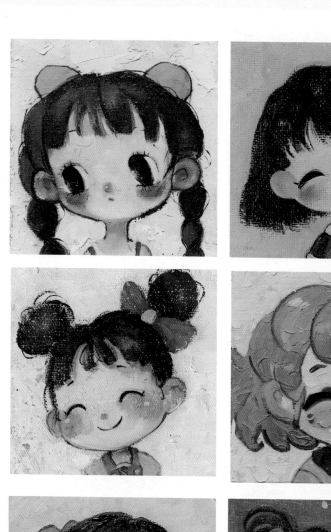
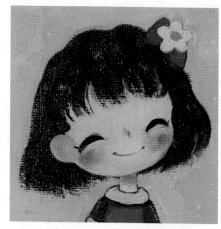
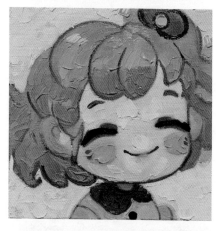
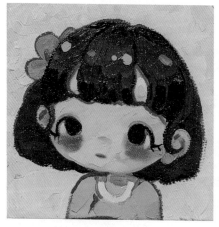
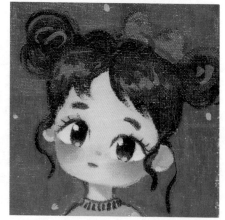

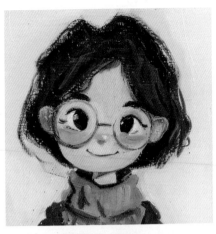
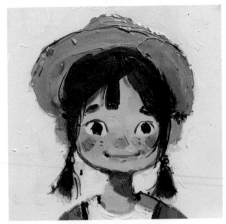
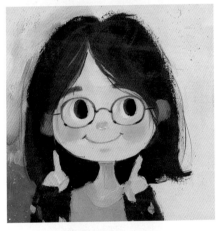
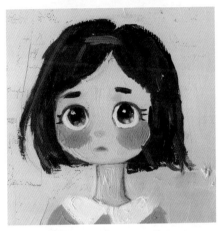
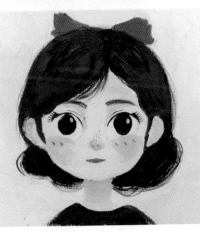
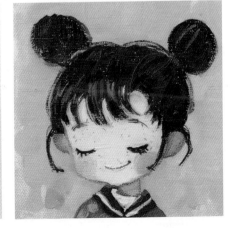

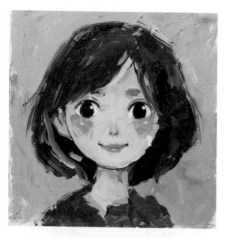
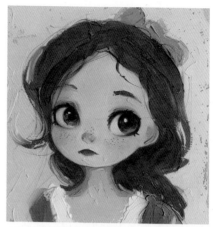
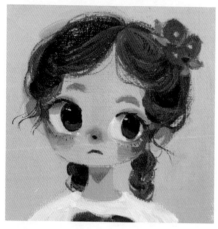
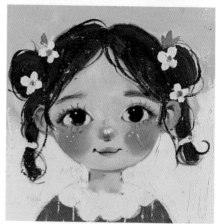
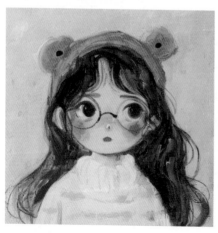
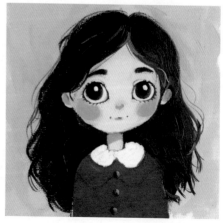

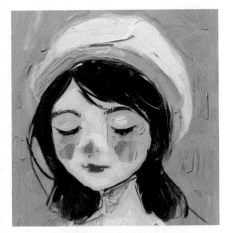
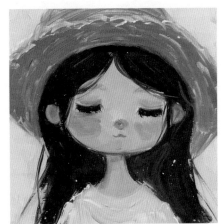
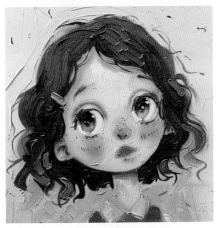
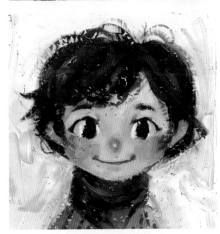
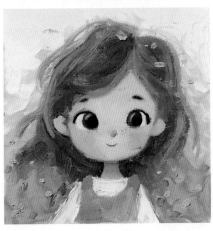
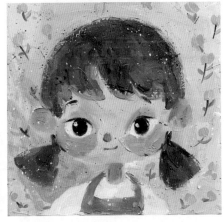

95

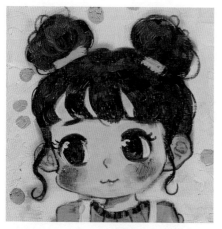
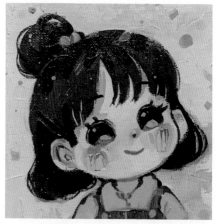
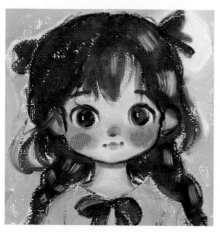
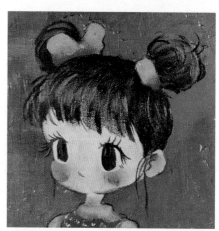
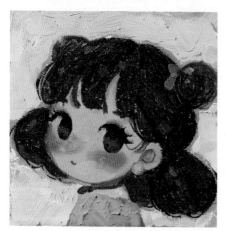
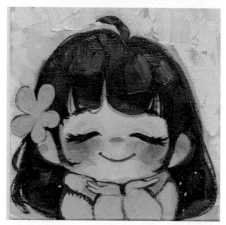

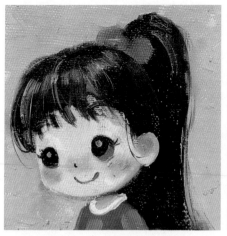
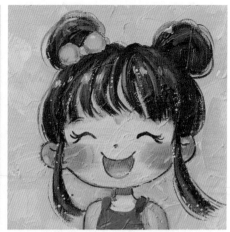
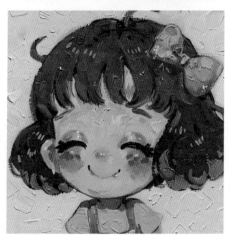
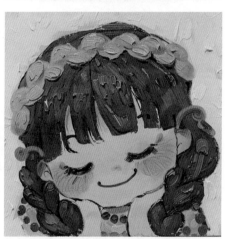
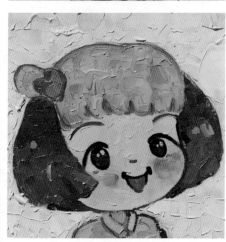
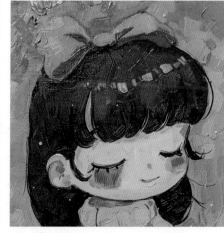

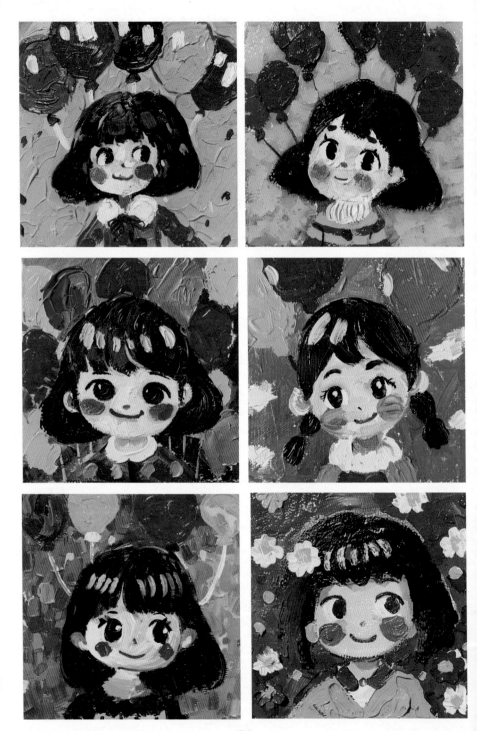

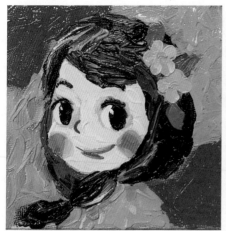
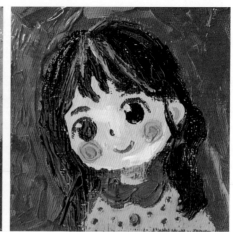
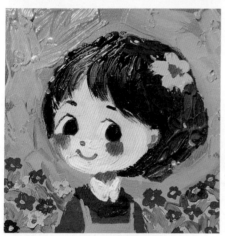
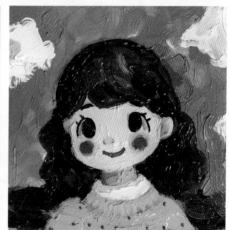
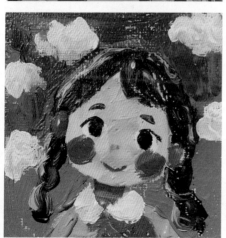
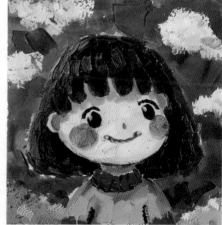

99

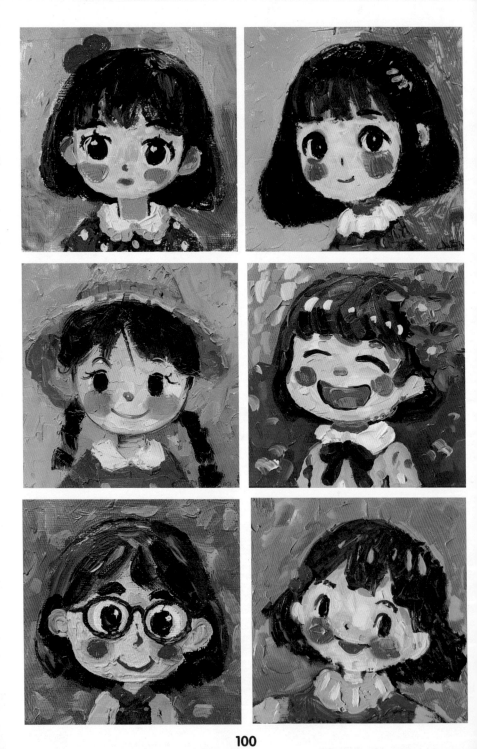

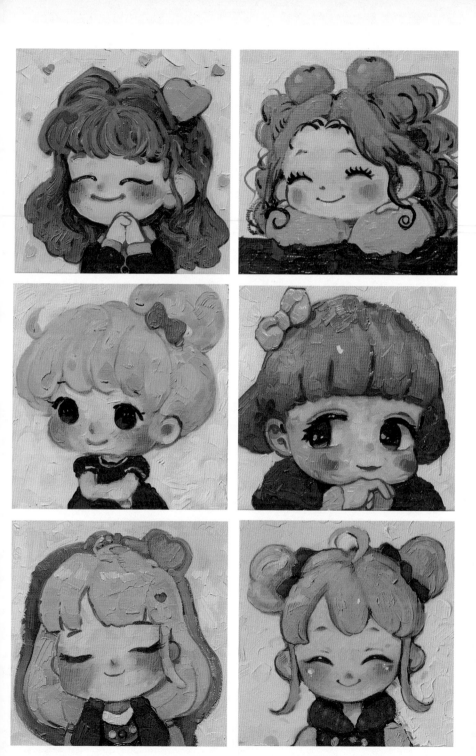

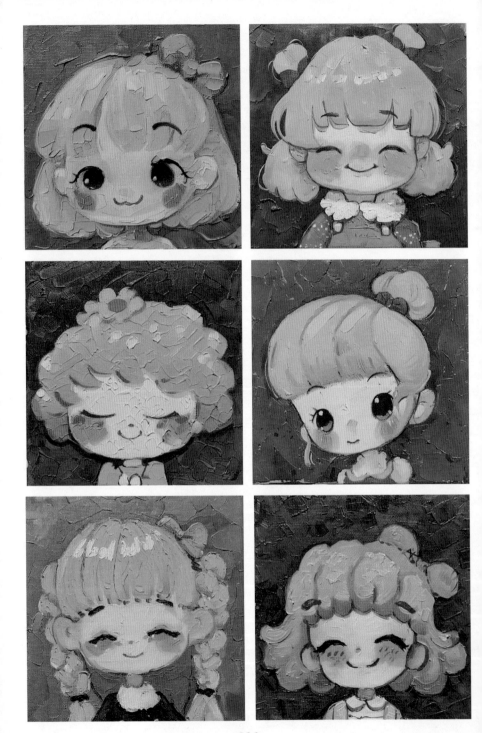

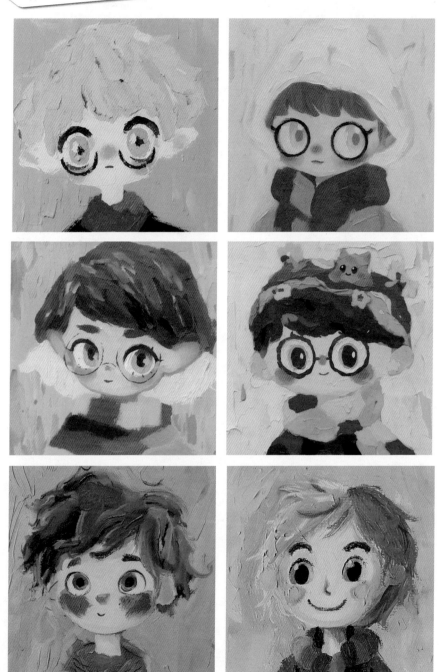

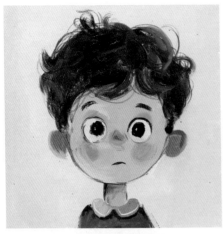
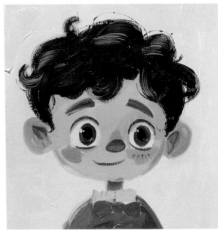
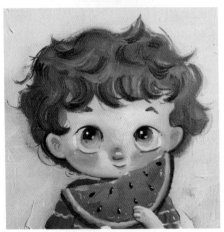
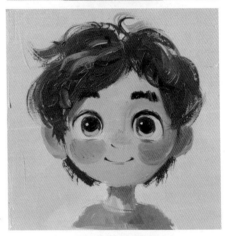
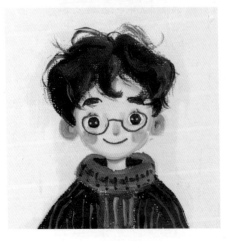
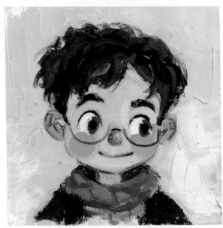

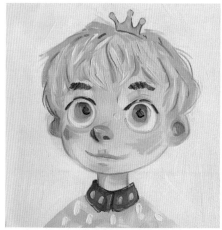
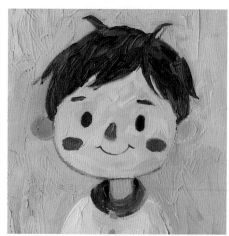
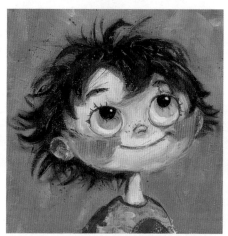
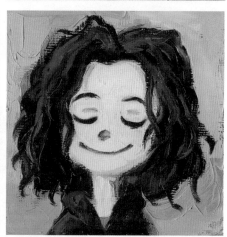
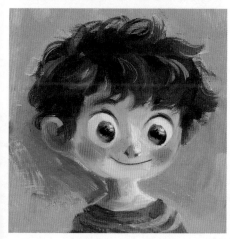
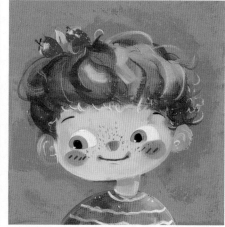

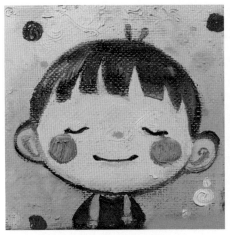
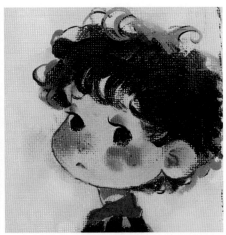
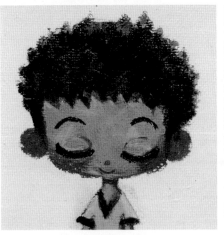
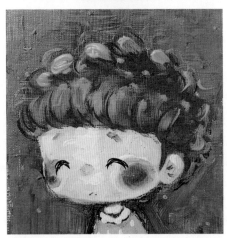
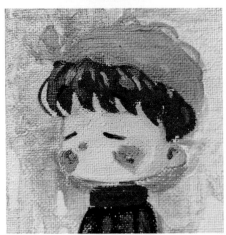
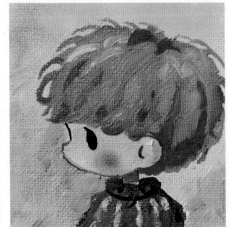

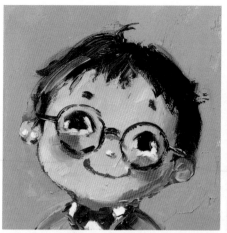
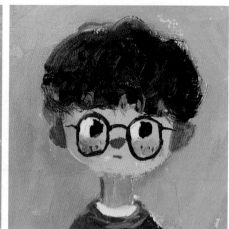
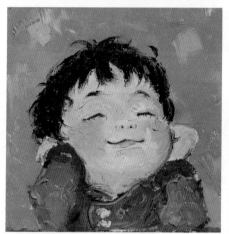
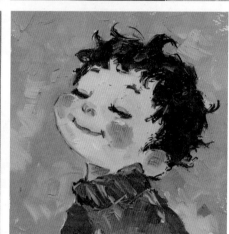
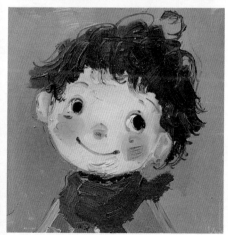
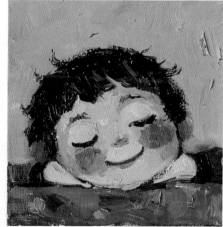

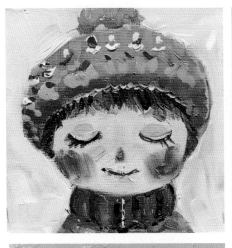
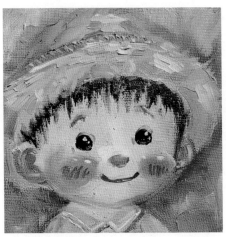
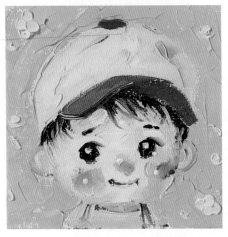
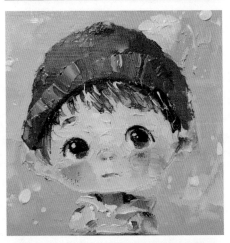
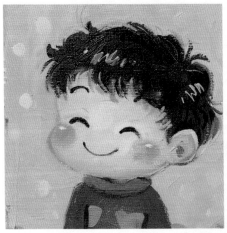
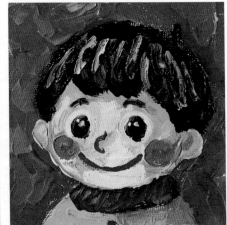

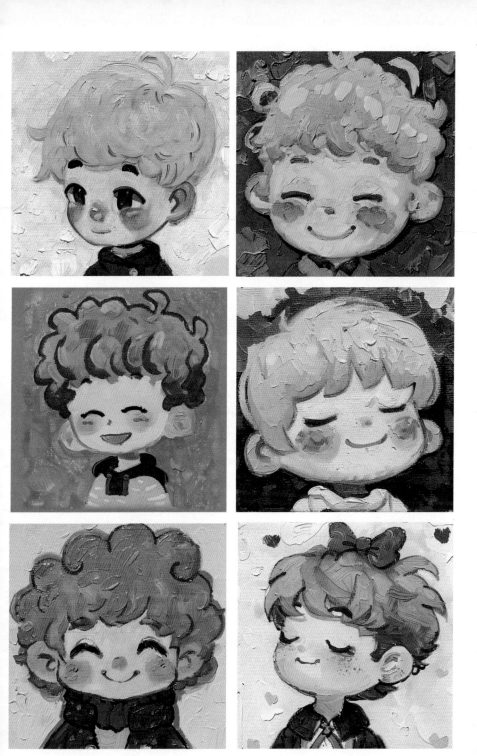

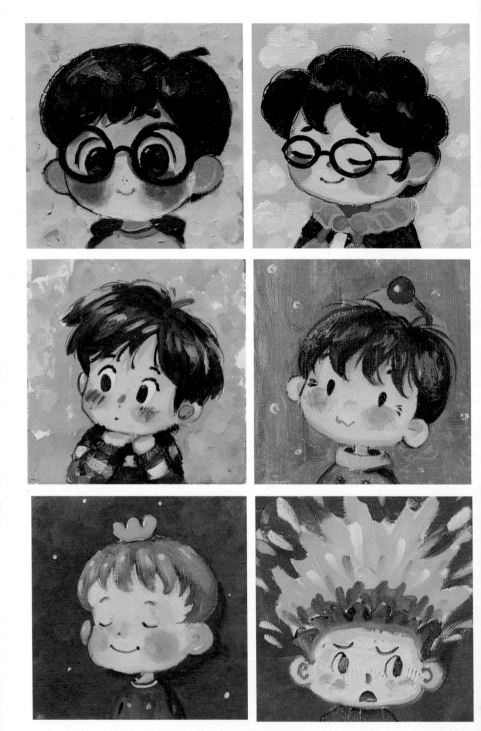

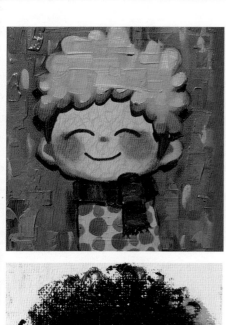
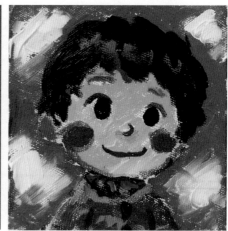
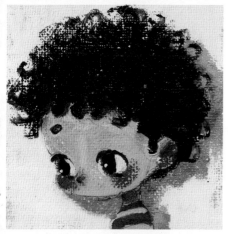
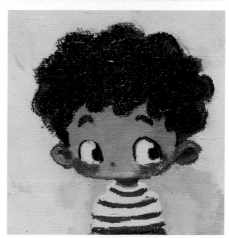
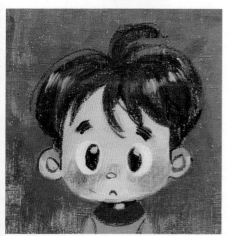
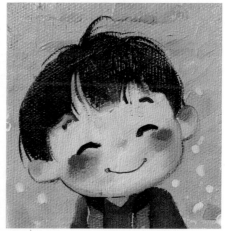

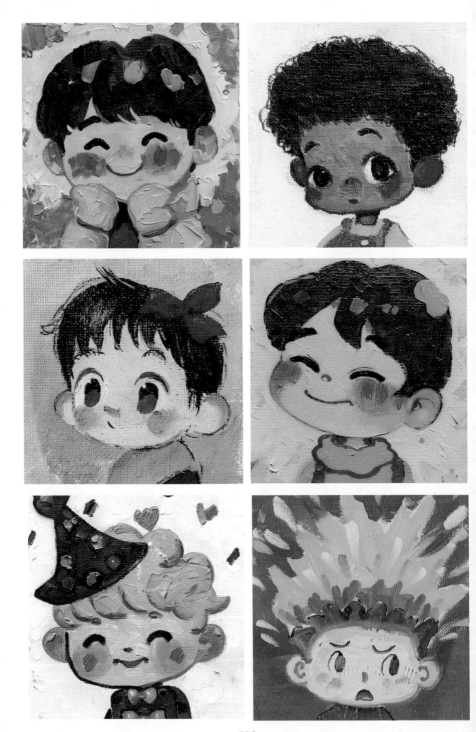